내 청춘의 격렬비열도엔
아직도 음악 같은 눈이 내리지

내 청춘의 격렬비열도엔
아직도 음악 같은 눈이 내리지

박정대 시집

아직도 눈물座에 거처하시는,

내 유일한 조국인 어머님께

이 시집을 바칩니다

## 自序

아무리 마셔도 목마르고,
아무리 걸어도 끝이 없는
나는, 사막이다
사막의 무사이다
거기다 이제는 눈까지 멀어
음악만이 나를, 자꾸만, 어디론가, 끌고 간다
끌려가지 않으려고 발버둥친 것이
지금까지의 내 삶이었다면
이제는 끌려가면서라도
맹글어지는 것이
내 삶이고
시 나부랭이고
의무 같은 사랑이라는 것을 아는
나는, 여전히 사막이다
사막의 음악이다

2001년 가을
移山房에서
박정대

# 차례

## 1

열두 개의 촛불과 하나의 달 이야기  15

장만옥  27

무가당 담배 클럽에서의 술고래 낚시  28

무가당 담배 클럽의 기타 연주자들  30

무가당 담배 클럽과 바람의 국경선  33

안개 속의 쓸쓸함, 1997년의 핀볼을 기록함  35

내 생애 마지막 개기일식  38

뼈아픈 후회  42

달  48

푸른 돛배  50

혜화동, 검은 돛배  51

해변의 욕조  52

나는 음악처럼 떠난다  54

그리고 그후에 기타의 눈물이 시작되네  60

## 2

버찌  69

동정 없는 세상  70

슬픈 열대야　72

목련통신　73

앵두꽃을 찾아서　78

영원의 거리에서의 송어 낚시, 133분 40초　79

소금쟁이 검객들의 이야기　83

시베리아 호랑이에 관한 시　85

아침가리, 새들이 날아가 죽는 곳　88

근위병과 게릴라들　98

홍명희 생가　102

버찌는 벚나무 공장에서 만든다　104

중세의 가을　107

백년 동안의 가을　108

백두산 꿈을 꾸었다　110


3

너　113

피의 적군파　114

은척에서　115

모래郡의 열두 달　116

집으로 가는 길    120

하얀 돛배    125

겨울에 해미읍성에 갔었네    126

지구의 북호텔에서    130

자작나무 뱀파이어    133

12월, 방랑자여 슈파로 가려는가    134

누가 이렇게 잠드는가    136

겨울 浮石寺    137

음악들    139

눈 내리는 밤    140

## 4

음악들    146

1

# 열두 개의 촛불과 하나의 달 이야기

1 8인치의 강*

 내가 누구인지 당신은 좀 궁금해하겠지만, 나는 정해진 이름을 갖고 있지 않은 그런 사람들 중의 하나다. 내 이름은 당신에게 달려 있다. 그냥 마음에 떠오르는 대로 불러다오.
 당신이 오래전에 있었던 어떤 일에 대하여 생각하고 있다면, 예를 들어 누군가 당신에게 어떤 질문을 했는데 당신은 그 대답을 알지 못했다.
 그것이 내 이름이다.
 어쩌면 아주 세차게 비가 내리고 있었는지도 모른다.
 그것이 내 이름이다.
 아니면 어떤 이들이 당신에게 뭔가를 해달라고 했다. 당신은 그렇게 했다. 그러자 그들은 당신이 한 것이 틀렸다고 말했다. 〈잘못해서 미안합니다〉 하고서, 당신은 다시 뭔가를 해야 했다.
 그것이 내 이름이다.
 어쩌면 그것은 당신이 아이였을 때 했던 놀이이거나, 아니면 당신이 늙어 창가의 의자에 앉아 있을 때 마음속에 아무렇게나 떠오르는 어떤 것이다.

그것이 내 이름이다.

어쩌면 당신은 어떤 강물 속을 응시하고 있었을지 모른다. 당신 가까이에 당신을 사랑하는 사람들이 있었다. 그들은 막 당신을 만지려 하고 있었다. 당신은 그렇게 하기 전에 그걸 느낄 수 있었다. 그리고 그렇게 되었다.

그것이 내 이름이다.

혹은, 당신은 아주 멀리서 어떤 이들이 부르는 소리를 들었다. 그들의 목소리는 메아리에 가까웠다.

그것이 내 이름이다.

어쩌면 당신은 침대에 누워 거의 잠들려 하고 있었는데, 하루를 끝내기에 아주 좋은, 뭔가, 혼자 하는 농담에 웃음이 나왔다.

그것이 내 이름이다.

혹은 당신은 뭔가 맛있는 걸 먹고 있었고, 자기가 뭘 먹고 있는지를 잠시 잊어버렸지만, 그러나 계속 먹으면서, 그게 맛있다는 걸 알고 있었다.

그것이 내 이름이다.

어쩌면 그건 자정 무렵이었고, 그리고 스토브 안에서 불길이 弔鐘처럼 울리고 있었다.

그것이 내 이름이다.

혹은 당신은 그녀가 당신에게 그 일을 얘기했을 때 좋지 않은 기분을 느꼈다. 그녀는 그걸 다른 어떤 사람에게 얘기할 수도 있었을 텐데 말이다. 그녀의 문제들을 잘 아는 다른 어떤 사람들에게.

그것이 내 이름이다.

어쩌면 송어들은 깊고 잔잔한 곳에서 헤엄쳤지만, 그러나 그 강은 겨우 8인치 너비였고, 달이 아이디아뜨를 비치고 있었고, 그래서 워터멜론 들판은 걸맞지 않게 어둡게 빛을 발했고, 그래서 모든 초목들로부터 달이 솟아오르는 것 같았다.

그것이 내 이름이다.


2 사천의 천사

당신은 나에게 어디로 가느냐고 물었다. 나는 사천으로 가는 길을 알고 있었다. 그러나 나는 길 위에서 길 위로 하염없이 떠날 뿐이라고 말했다. 그리고 그때 나는 정말 〈길 위에〉 있었고, 당신은 아마 천사였을지도 모른다. 그러나 나는 그때 천사에게 가는 길이 아니었다.

그것이 내 이름이다.


## 3 눈물도 음악이 될 수 있다면

밥 딜런의 노래 듣고 싶어, 전속력으로 차를 몰아 42번 국도를 지나왔다. 지나오는 길에도 生은 내 갈비뼈 사이에서 푸른 잎들을 꺼내어 필사적으로 사랑을 흔든다.
그것이 내 이름이다.
눈물도 음악이 될 수 있다면,
난 참으로 오래간만에 음악을 들은 것이다.
그것이 내 이름이다.


## 4 만항재

아무리 달려도 이정표가 나타나지 않아 뒤돌아보면 좁은 산길 아래로 폭포처럼 쏟아지는 나무들의 물결. 허공의 바다를 털털거리며 지난다. 갈매기 한 마리 날지 않는 이곳은 전생에 무슨 바다였나. 길이 좁아질수록 생각들은 날아가고, 길이 험해질수록 더욱 깊어지는 그리움의 계곡. 엄나무들은 엄숙하게 머리를 길렀지만 식솔들 이끌고 산 중턱까지 와서 정착한 낙엽송, 참나무 이주민들. 아무리 달려도 너에게 가는 길은 보이지 않아 어느새 다다른 하늘 밑, 침묵은 끝나지 않고 바람 끝에 매달려 와서 끝내 만항재, 해발 1,330미터라고 씌어진 곳에서 불어가는 음악, 페루, 나비, 바람.

그것이 내 이름이다.


5 음악, 페루, 나비의 경계를 지나서

오래도록 꿈꾸던 것, 그것을 나는 만항재에서 본다. 만항재는 음악과 페루와 나비의 경계선. 이 경계선을 지나면 음악만이 남을 것. 그때부터 나는 눈을 버리고 음악을 얻을 것. 그리고 당신이 어느 날 참 많이 어두워져서 그때부터 음악 소리 들린다면,

그것이 바로 내 이름이다.

6 만항 이야기

만항이라는 곳. 이름의 절반도 채우지 못한 집들이, 주인 잃은 배들처럼, 바람에 흔들리는 곳. 석양이, 열두 개의 촛불처럼 타오르는 곳. 허공에 매달린 항구, 만항을 지난다. 집들이 산비탈에 걸려, 컹컹거리며 짖고 있다. 내 어릴 적 검은 판자의 하늘이, 허공에 걸려 나부낀다. 이것도 강원도식, 風磬이라면 풍경인 곳. 만항이라는 곳.
그것이 내 이름이다.


7 밤의 비탈길에서

만항 마을 지나, 저 속세로, 자장 율사가 창건한 정암사 찾아가는 길. 낮에, 자장면 한 그릇 먹고 그대 진신사리 찾아가는 길. 하산할수록 더욱 어두워지는 꿈. 양파처럼 별들 흩뿌려지는 밤의 비탈길에서, 텅 빈 그릇처럼 캄캄해져 오는 밤에서, 강원도라는 섬에서 잠들지 못한 산짐승들은 달빛을 향해 누군가의 이름을 부른다.
그것이 내 이름이다.

## 8 다시 만항 이야기

 그것이 내 이름이다. 어둠 속에서 아무도 듣지 않는 이야기를 나는 중얼거린다.

 그것이 내 이름이다. 어두워질수록 나의 이야기는 끝이 없다.

 그것이 내 이름이다. 그대는 나의 이야기를 들으려고 하지 않는다.

 그것이 내 이름이다. 이야기 속의 모든 것들이 아프기 때문이다.

 그것이 내 이름이다. 나는 어지럽지 않다. 견딜 수 있다. 내가 아픈 건 네가 아프기 때문이다. 갑자기 숲의 음악 소리가 커졌다. 바람이 아프기 때문이다. 끊임없이 바람의 전화벨 소리가 울린다. 나무들이 아프기 때문이다. 누군가 끊임없이 술잔을 비운다. 술잔 밖 세상이 아프기 때문이다. 나는 어지럽지 않다. 견딜 만하다. 그러나 네가 아픈 건 내가 여전히 아프기 때문이다.

 그것이 내 이름이다.

9 또다시 만항 이야기

체, 체, 체, 게바라의 바람이 분다. 쿠바의 풀잎들은 여기에 없다.

만항의 오래된 바람이 분다. 내가 하염없이 신생을 꿈꾸며 떠난 여행길에서도 오래된 기억의 바람은 허공의 갈피갈피에서 나를 덮친다. 내가 만항을 지났던가. 나는 깊은 산속 어지러운 굴헝을 헤맨다. 쿠바의 풀잎들은 여기에 없다. 체, 체, 체, 거봐라, 혀를 차며 만항의 오래된 바람이 분다.

그것이 내 이름이다.


10 밤의 여행자들

당신은 사는 게 힘겨워져 밤마다 어디론가 떠나는 꿈을 꾸었다.

그것이 내 이름이다.

그 밤을 따라서 한없이 달려가다 보면 누군가를 혹은 당신이 알지 못했던 그 무엇인가를 만날 수 있다고 생각했다. 그러나 당신이 어디론가 달려가는 동안에도 천사들은 쉽게 나타나지 않고, 당신은 수없이 촛불을 꺼트려야 했다. 촛불이 꺼진 캄캄한 어둠 속에서 당신은 오로지 믿을 수 있는 자신의 몸을 더듬어 길을 내고, 새롭게 이 세계의 지도를 그려야 했다. 그럴 때마다 당신은 당신이 숨 쉬는 매 순간의 공기들이 너무 답답해 어디론가 떠나려고 했다.

그것이 내 이름이다.

허공에다 당신은 매일 간절한 키스를 한다. 그 입맞춤이 대지의 가슴에 닿아 그곳에서 아름다운 나무들이 태어나기를, 그 나무 아래서 사랑하는 사람과 오래 함께 머물 수 있기를 기도한다.

그것이 내 이름이다.

어느 날 당신은 창밖에 환하게 핀 앵두꽃을 보고 밤이 어디론가 사라진 줄 알았다. 당신은 그 꽃을 보면서 이유를 알 수 없는 슬픔에 눈물을 흘렸다.

눈물이 때로는 음악이 된다는 것을 당신은 알고 있다.

그래서 당신은 매일 밤마다 촛불을 켜 들고 어디론가 여행을 떠난다.

그것이 내 이름이다.

## 11 천사들

숲에 가면 나뭇잎마다 천사들이 산다. 그 천사들은 당신의 한숨 속에서 태어났다. 당신이 매 순간 허공으로 천사들을 날려보낼 때마다, 당신은 또 하나의 촛불을 꺼트리고 있는 셈이다. 숲에 가면 나뭇잎마다 유배당한 천사들이 산다. 천사들은 나와 입맞추고 싶어한다. 나도 그렇다.
그것이 내 이름이다.
봄, 여름, 가을, 겨울
그것이 내 이름이다.
열두 개의 촛불과 하나의 불꽃으로 나는 산다.
바람이 불 때마다 산다.
그것이 내 이름이다.
불꽃의 線, 끝없이 움직이는, 일렁이는
발광하는 生
그것이 내 이름이다.

## 12 달과 하나의 촛불 이야기

나는 열두 개의 촛불을 다 꺼트리며 벽파령에 올랐다. 벽파령은 깜깜한 어둠에 휩싸여 있었다. 나는 어둠 속에서 무엇인가를 간절히 기다리고 있었는지도 모른다.

그것이 내 이름이다.

그러나 그것이 내 이름이 아닐 수도 있다. 나는 열두 개의 촛불이 다 꺼진 다음에야 가까스로 타오르는 하나의 거대한 촛불을 보았다. 그것은 달이었다. 달은 서서히 숲들을 지나 나에게로 왔다. 나는 달에게 나의 이름을 물어보았다. 그러나 달은 다만 내가 잃어버린 열두 개의 촛불을 보여주었을 뿐이다. 그러나 그것도 내 이름이 아닐 수 있다.

그것이 내 이름이다.

---

\* 「1 8인치의 강」의 내용은 리차드 브라우티건의 「워터멜론 슈가에서」 중에서 인용한 것이다.
\*\* 여행을 하는 동안 나는 줄곧 어떤, 경계에 대하여 생각하고 있었던 것 같다. 바람과 바람의 경계, 나무와 땅의 경계, 그리고 열두 개의 촛불과 그대 한숨의 경계, 그러다가 나는 어떤 나뭇잎 천사의 도움으로 〈벽파령〉이라는 데 이르렀다. 평창에서 정선의 가리왕산 휴양림으로 넘어가는 비포장 산길의 정상. 나는 열두 개의 촛불을 다 꺼트리며 벽파령에 올랐을 뿐이다. 그 산정에서 내가 만난 것은

단 하나의 촛불인 〈달〉이었다. 그러니까, 여기에 발표하는 작품들은 〈열두 개의 촛불과 하나의 달〉에 대한 서투른 드로잉일 뿐이다. 〈벽 파령 이미지〉에 대해 쓰고 싶었는데 쓰다 보니 잡다한 〈만항 이야기〉가 되어버렸다.

## 장만옥

멀리 가는 길 위에 네가 있다
바람 불어 창문들 우연의 음악을 연주하는 그 골목길에
꽃잎 진 복숭아나무 푸른 잎처럼 너는 있다
어느 날은 잠에서 깨어나 오래도록 네 생각을 한 적이 있다
사랑은 나뭇잎에 적은 글처럼 바람 속에 오고 가는 것
때로 생의 서랍 속에 켜켜이 묻혀 있다가
구랍의 달처럼 참 많은 기억을 데불고 떠오르기도 하는 것
멀리 가려다 쉬고 싶은 길 위에 문득 너는 있다
꽃잎 진 복숭아나무들이 긴 목책을 이루어
푸른 잎들이 오래도록 너를 읽고 있는 곳에
꽃잎 진 내 청춘의 감옥,
복숭아나무 그 긴 목책 속에

## 무가당 담배 클럽에서의 술고래 낚시

 저 숲속 깊은 곳으로 가면 무가당 담배 클럽이 있다네, 어떤 사람들은 그걸 애연가 클럽으로 알고, 또 어떤 사람들은 담배를 끊으려는 금연 동맹 정도로 아는데, 무가당 담배 클럽은 도심에 호랑이를 풀어놓기 위한 시민 연합과 차라리 그 성격이 비슷하다네, 얼음이 물이 되고 종달새가 우는 봄이 오면 무가당 담배 클럽에서는 무슨 일이 일어나고 있나, 아는 사람은 다 알지, 무가당 담배 클럽에서 봄을 맞이하여 첫번째로 하는 일은 지난 겨울 읽던 책들을 절구통에 넣고 빻아서 떡을 만들어 먹는 일, 겨우내 얼어붙었던 얼음 맥주의 강을 망치로 부수어 마시는 일 그리고 그 강물 속에서 술에 절어 겨울잠을 자던 술고래들을 낚시하는 것, 그렇다면 술고래들의 겨울잠이 무가당 담배 클럽에 무슨 해를 끼치기라도 했단 말인가, 그렇지는 않지만 얼음 맥주의 강에서 얼음장을 깨고 술고래들을 낚는 일은 너무나 재미있는 일이라네, 술고래들은 한결같이 잠에 취한 채 정신없이 끌려나오지, 낚시로 잡아올린 술고래들을 운반하기 위하여 무가당 담배 클럽의 마을에는 기차가 드나드는 작은 역도 하나 생겨났지, 하루에 두 번 기적을 울리며 기차가 들어올 때면 술고래들은 잠에서 깨어나 펄쩍펄쩍 뛰지, 그러나 이미 때는 늦은 거라네, 술고래들은 아마 도시로 팔려나가 사람들을 위해 얼음 맥주의 호수를 망치로 부수는 일을 하겠지, 더러는 커다란 수족관 같은 데서 술 마시고 담배 피우는 연기를 하기도 하겠지, 무가당 담배 클럽에서는 올해도 상당한 숫자의 술고래를 도시와 계약했다지, 얼음이 물이 되는 봄이 오면 무가당 담배 클럽의 술고래 낚시가 더욱 바빠지겠네

# 무가당 담배 클럽의 기타 연주자들

그녀가 깊은 숲속의 길을 헤치고 처음 무가당 담배 클럽을 찾아와 기타 연주자가 되고 싶다고 말했을 때, 나는 그녀에게 돌아가라고 말했지, 그러나 그녀는 이곳에서 기타를 치고 싶다고 한사코 버티었네, 이곳엔 한 대의 기타밖에 없고, 그 기타의 연주자는 바로 나란 말이야, 하고 나는 소리쳤지만 그녀는 가방 속에서 소리 없이 한 대의 기타를 꺼냈지, 저는 밥 딜런이 너무 좋아 매일 그의 노래와 함께 잠자리에 든답니다, 자, 들어보세요, 이건 밥 딜런의 노래「북쪽 지방의 소녀」예요, 〈바람이 국경선에 세차게 불어대는 아름다운 북쪽 지방을 여행중이라면 그곳에 사는 누군가에게 내 안부를 전해 주세요, 그녀는 한때 나의 진정한 사랑이었죠, 눈보라가 치고 강이 얼어붙는 여름이 다 지나간 때에 그곳에 간다면 그녀가 윙윙 부는 바람으로부터 따뜻하게 자신을 감싸줄 외투를 걸치고 있는지 보아주세요, 부디 날 위해 그녀가 긴 머리칼을 가졌는지 보세요, 그녀의 머리칼이 가슴 아래로 부드럽게 흘러내려 길게 드리워져 있는지, 그녀가 긴 머리칼을 가졌는지, 부디 날 위해 봐주세요, 그것이 내가 그녀를 가장 잘 기억할 수 있는 방법이랍니다, 그녀가 나를 잘 기억하고 있을까 궁금해요, 어두운 밤에도 그리고 밝은 낮에도 아주 많이 기도해 왔어요, 그녀가 날 기억해 주기를, 그러니 바람이 국경선에 세차게 불어대는 아름다운 북쪽 지방을 여행중이라면 그곳에 사는 누군가에게 내 안부를 전해 주세요〉, 그녀의 노래가 끝났을 때 무가당 담배 클럽을 둘러싸고 있던 나무들은 모두 슬프고도 애절한 마음이 되어 있었고, 나도 긴장된 침묵 속에서 그녀의 얼굴을 쳐다보았지, 그녀는 북쪽 지방의 소녀처럼 아주 긴 머리칼을 지니고 있었네, 마치 그녀가 노래에 나오던 북쪽 지방의 소녀 같았네, 당신의 노래는 너무나 아름답고 애절하군, 그런데 밥 딜런의 노래 「북쪽 지방의 소녀」와 무가당 담배 클럽이 도대체 무슨 관련이 있단 말인가, 전 밥 딜런이 너무 좋아요, 그래서 다만 이곳에서 그의 노래를 기타로 연주하고 싶을 뿐이에요, 그러나 어쩌란 말인가, 무가당 담배 클럽의 규정에는 〈무가당 담배 클럽의 기타 연주자는 최고의 실력을 갖춘 단 한 명으로 족하다〉라고 이미 못 박혀 있는걸, 그녀의 아름다운 노래를 듣는 나는 가슴이 아프다, 그러나 얼음이 물이 되어 흐르는 봄은 이 무가당 담배 클럽에도 반드시 오게 마련이다, 아름다움 앞에서는 그 어떤 얼음으로 된 겨울도 이처럼 쉽게 녹아내리는 것이다, 지금은 아니지만 언젠가 나는 그녀에게 이곳의 기타 연주자 자리를 내어주어야 하겠지, 그러면 얼음으로 만들어졌던 나의 기타는 물이 되겠지, 물이 되어서 무가당 담배 클럽을 떠나 깊은 계곡들을 지나 저 세상의 바다로 흘러갈 거야, 그런데 나의 기타와 나의 음악이 사라지면 그때 나는 또 무엇을 해야 하지

# 무가당 담배 클럽과 바람의 국경선


 우연의 음악이 바람의 국경선을 넘나드는 곳에 무가당 담배 클럽이 있다, 식당 먹으러 가자, 이것은 무가당 담배 클럽의 그 흔한 농담들 중의 하나이지만 그런 농담만을 듣고도 무가당 담배 클럽의 회원을 색출해 내는 귀신 같은 자들이 있다, 그 비밀 요원들은 바람의 국경선 저 너머에서 왔다, 그들은 무가당 담배 클럽 저편의 세계에 봉사하는 자들이다, 무가당 담배 클럽에는 이런 비밀 요원들과 회원들이 서로 뒤섞여 있기 때문에, 막상 무가당 담배 클럽에 하루 종일 있으면서 산책을 하고 농담을 하고 때때로 함께 어울려 술을 마시기도 하지만, 누가 진짜 무가당 담배 클럽 회원인지를 아는 사람은 아무도 없다, 이곳의 남자와 여자들도 어느 날은 술에 취해 밤새도록 침대 위를 뒹굴며 서로의 육체를 탐하기도 하지만 그러나 아무리 몸을 뒤섞어도 서로가 진짜 회원이라는 확신을 가지지는 못한다, 간혹 또 어느 날은 전혀 예상치도 못했던 사람이 무가당 담배 클럽 회원으로 밝혀져 바람의 국경선 저 너머로 압송되기도 한다, 그의 죄는 너무 아름다운 노래를 불렀다는 것이다, 그래서 무가당 담배 클럽을 너무 낭만적인 분위기로 몰아갔다는 것이다, 지금 조용히 고백하건대(이 글을 읽는 그대들만 알고 있으라), 사실 나는 무가당 담배 클럽의 핵심 요원이다, 그런데 이런 나조차도 정확한 회원의 숫자와 그 규모를 알지 못한다, 나는 지금 무가당 담배 클럽 한구석 내 자리에 앉아 조용히 이 글을 쓰고 있다, 어젯밤 심하게 과음했더니 숙취 때문에 나는 지금 몹시 머리가 아프고 속이 쓰리다, 이 글을 쓰는 것도 몹시 힘든데 야, 식당 먹으러 가자, 누군가 또 저 건너편에서 외친다, 가자, 우연의 음악이 바람의 국경선을 넘나드는 곳에 무가당 담배 클럽은 있다, 식당 먹으러 가자

## 안개 속의 쓸쓸함, 1997년의 핀볼을 기록함

나는 핀볼머신을 들여다보고 있다

점촌 가는 길에 문경 새재를 넘었던 것인지
문경 새재에 가기 위하여 점촌에 들렀던 것인지
나는 잘 기억나지 않는다, 안개에 둘러싸인
지나간 시간은 어느 길 위에도 없다

나는 다시, 핀볼머신을 들여다보고 있다

어느 해였던가, 우리는
낡은 자동차를 몰고 작은 읍에 들렀다
3박4일 동안 골방에 틀어박혀
비디오테이프만 보았다, 영화 속에서
여자는 자주 샤워를 했으며
머리가 긴 남자는
죽은 개를 매장하기 위하여
비장한 뒷모습으로 걸어가기도 했다
창밖으로는
낙엽이 떨어졌던 것인지
헛기침 같은 눈발 휘날렸던 것인지

여름이었던 것인지
나는 잘 기억나지 않는다
핀볼머신을 떠돌던 몇 점의 안개
우리가 그렸던 펜畵 속에
고스란히 남아 있을 뿐이다

나는 그러니까 지금 핀볼머신을 보고 있다
이건 그러니까 1997년의 핀볼이다

칼 세이건 호가 화성에 도착했고
그후 사흘이 흘렀다

그러니까 나는, 일명 디스커버리 호라 불리는
내 사랑 칼 세이건 호가 화성에 도착한 후
홀로 지구에 남아 사흘을 견뎌냈다
그러니까 이건 그 사흘 동안의 기록인 셈이다
화성으로 떠나고 싶어 술을 마셨던 것인지
술을 마셨기 때문에 화성으로 떠나려 했던 것인지
잘 기억나진 않지만, 나는
그 사흘의 이틀 동안 술을 마셨고

그 사흘의 반나절 동안 멍하니 음악을 들었고
그 사흘의 두 시간 동안 축구 경기를 보았으며
그 사흘의 한 시간 동안 시를 썼다
그리고, 그 사흘의 약 2초 동안 해탈했다

나는 그러니까, 지금 핀볼머신을 들여다보고 있는 셈이다
이건 그러니까, 1997년의 핀볼인 셈이고 7991년의 핀볼이기도 한 셈이며
이 핀볼머신의 이름은 안개 속의 쓸쓸함, 정도이기도 한 셈이다

## 내 생애 마지막 개기일식


——사랑에 관한 짧은 필름,

어두워질수록 나는 자꾸만 보이는 것이다
완전한 어둠 속에서만 인화되는 사랑

——어둠을 기다리며,

38년 만에 한번 온다는 개기일식을 몽고쯤에서 볼 수 있을 거라네, 우리나라에선 완전하지는 않지만 그래도 개기일식을 볼 수 있을 거라네, 나는 사라지는 태양을 보려고 아침 일찍 일어나 하늘만 보고 있네, 일요일이라 늦잠을 자고 있을 그 시간에 나는 태양이 없는 그 순간의, 영원의 암흑을 보기 위하여 잠을 설친 채 아침부터 창밖을 보네, 꿈꾸는 것들의 눈동자마저 가려버릴, 조그만 달의 반란에 동참하기 위하여 나는 시린 눈을 들어 자꾸만 하늘을 바라보고 있네

——그런데 왜 아무리 기다려도 어두워지지 않는 걸까

——꿈,

 이상한 것이다, 나는 살아 있는 것이다, 꿈꾸지 않는데도 나는 살아 있는 것이다, 더 이상 꿈꿀 수 없는데도 나는 살아 있는 것이다

 —그런데 그 어두운 대낮의 벌판을 가로질러 말을 탄 몽고의 유목민들은 어디로 달려가고 있는 것일까, 어디를 꿈꾸고 있는 것일까, 지금은 꿈도 어두워질 폐허 무렵

 ——어두워질 무렵,

 바람이 불 때마다 몇 사람이 죽어갔네, 꽃들이 피었다 지고 다시 피어나기도 했지만, 푸른 하늘 아래 몇몇은 여전히 빈혈에 시달렸고 빈혈이 끝나기도 전에 자동차들은 해안 도로를 벗어나 벼랑 아래로 굴러 떨어지기도 했네, 그러나 아무리 질주하고 추락해도, 현기증 나는 윤회의 삶은 끝나지 않았네, 가끔씩, 정말로 가끔씩 사랑에 대하여 생각할 때마다, 사랑은 산수유 나뭇가지 위에 열리는 초록 물고기, 바라보는 것만으로도 나는 자꾸만 어

지럽고 현기증이 났네, 노란 꽃망울을 터뜨린 산수유나무 아래 서면 보이지 않아도 산수유 몸속의 붉은 열매는 아름다웠지만, 문장 속의 생애는 끝나지 않고 생애 속의 문장은 여전히 읽혀지지 않았네—씨발, 난 아무것도 하고 싶지 않단 말이야, 나무들, 바람이 불 때마다 온몸을 흔들어 고독으로 가고자 하였으나 나무들, 바람이 불지 않을 때도 선 채로 그 자리에서 딱딱한 울음이 되고자 하였으나, 내 고통의 시선은 나무들의 혈관을 타고 자꾸만 나무들도 모르는 먼 곳으로 흘러만 갔네, 태양도 없는 사막의 고독을 지나서, 물방울도 없는 바다의 울음을 지나서

   ——네 고통의 시선이 다하는 날,
나는 캄캄한 흑암으로 돌아갈 유리하는 별들이라,

외눈의 태양이여,
그대의 눈이 온전히 감길 때
헛된 꿈도 사라지고
단 한번,
내 짧았던 사랑도 완성되리

그대 드디어 눈을 감는구나
환한 봄날,
햇살은 가루약처럼 쏟아져
風景의 한쪽을 더욱 환하게 하는데
나는 저기 저,
오랜 두통의 마루를 지나
태양의 눈을 감기러 가는 달
만삼천팔백칠십 개의 내가
그대에게로 가면, 가서
그대 깊은 품속에 안기게 되면
그대 드디어,
두 눈동자의 등불을 끄고
고요히 침묵하겠구나

내 생애 마지막 일식에 대하여
그 짧은 사랑에 대하여

# 뼈아픈 후회*

(창밖에는 비가 오구 있어요, 비가 오지 않는다면 올 때까지 기다렸다가 이 글을 읽으세요, 세르주 갱스부르**의 이니셜 B·B라는 노래를 들으면서 읽으면 더욱 좋구요, 갱스부르의 노래가 없다면 갱들이 부르는 노래두 괜찮구요, 노래구 뭐구 글을 안 읽으신다면 더욱 좋구요)

1 반복

보잘것없는 육신의 횡포, 하나의 천박한 영혼이 되었다. 아아 잔혹한 세월과 병든 의식들이 질병처럼 우리들의 온몸을 휩싸고 가도가도 끝이 없는 늪지의 풍경 속에서 하나의 천박한 영혼이 되었다. 정처 없이 바람이 불고 사랑을 닮은, 결코 사랑이 아닌 하나의 사건이 페스트처럼 나를 휩쓸고 지나갔다. 불온한 밤과 열병의 거리를 헤매며 그때 내가 읽었던 것은 무엇인가. 정처 없이 바람이 불고 열병을 닮은 하나의 페스트 같은 사랑이 나를 휩쓸고 지나갔다. 어느 시간에서나 비린내가 나고 내 청춘의 녹슨 물고기들은 상처의 급류를 따라 거칠게 흘러갔다. 잠은 그 깊이를 알 수 없는 저마다의 심연으로 스스로 침묵해 가고 눈을 뜨면 버림받은 태양들만 몰락의 상징처럼 수고롭게 빛나고 있었다. 나는 죽을 수 있었으나 끝끝내 죽지 않고 버티었으므로, 살아가는 날들은 의무처럼 황홀한 고통으로 나를 감쌌다. 살아 있으므로 확인되는 그 많은 모순과 부조리 속에서 나는 진실로 단 하나의 사랑만을 원하였으나, 나 스스로 나를 사랑하지 못했으므로 그 어느 누구도 사랑할 수 없었다.


2 픽션들

 처음부터, 그 어떤, 그릇된 것에 관하여 말하려 했던 것은 아니었다. 〈목포〉든, 아니면 〈카를로바츠〉였든, 나는 내 마음속에 하나의 환상의 도시를 갖고자 했고, 내 환상의 리얼리즘은 너로 인하여 의미를 획득하게 되는 그런 것이었다. 처음부터, 뒤틀린 혓바닥으로 삶의 고난을 말하려 했던 것은 아니었다. 〈몰락〉이든, 아니면 〈영겁회귀〉든 고통스럽지 않은 삶이 어디 있으랴마는, 그러나, 처음부터 너에게 고통, 이라는 단어를 발음하고 싶지는 않았다. 항상, 언제나 내가 꿈꾸었던 것은 〈완벽한 생애의

演技〉, 그것 아니면 〈無〉.

 네가, 내 삶의, 내 추억의 경계선을 넘어, 아니 내가, 너의 그 경계선을 넘어 부단히 너의 추억에 간섭하기 시작한 것은 언제부터인가. 한때는 그것이, 아아 너를 만난다는 것이 내가 지상에 존재하는 유일한 이유, 유일한 변명이기도 하였건만 왜, 소설 속에서처럼 〈……그녀는 떠나고, 나는 텅 빈 천장의 심연 속으로 자꾸만 꺼져 들어갔다〉式의 한없이 유치하고 치졸한 이별이 우리에게도 어김없이 찾아왔던 것일까. 하나의 문장이 해체되고 그리하여 하나의 세계가 어김없이 미세한 물질로 분해될 때 또한 그리하여 그때, 우리가 바라보는 세계는 혼돈인가, 견고함인가.

 물결처럼 어두워져서 더욱 깊게, 출렁거리며 나를 휘감는 너, 너는 아는지? 자꾸만 삶에서 도망치려는 한 나약한 사내를, 하여 더욱 빛나는 그 사내의 비겁함을. 하나의 위대한 文章을.

 처음부터, 그 어떤, 〈괴물 같은 고독〉에 관하여 이야기

하려 했던 것은 아니었다. 언덕이 있었고 그 비탈진 언덕에서 나는 여러 번 굴러 떨어졌으므로, 그 상처를 위로받고 싶었을 뿐. 너의 따스한 입술로 내 속 깊은 상처를 위로받고 싶었을 뿐. 너의 상처를, 그 상처의 푸른 무덤을 다만 위로하고 싶었을 뿐.


3 이륙한다는 것

  어떠한 계기가 나를 찾아왔다. 그리고 붉은 입술의 노을 너머로 차갑고도 딱딱한 밤이 찾아왔다. 더 이상 내 입술은 움직이려 하지 않고 포도주 같은 어둠 속으로 스며들었다. 가혹한 것은 잊혀지지 않는 추억을 가지고 있다는 것이었다. 자작나무나 엄나무 숲에서 도마뱀들이 자꾸만 꼬리를 끊어 던지며 푸른 여름의 기억 저편으로 사라져갔다. 그리고 모든 것이 안녕이었다. 그러나 또다시 아침이 왔다. 태양은 어김없이 내 머리 위로 떠올라 노예의 시간을 일러주었다. 홀로 있어도 이제는 더 이상 외롭지 않았다. 다만 푸른 공기들 가운데 놓인, 아무도 만져본 적 없는 자유가 나에게 현기증을 일으켰을 뿐, 살아서

화석처럼 아득히 굳어져 가는 나의 육체는 오히려 마비와도 같은 평화로움을 나에게 일깨워주었다. 아아, 아득히 마비된다는 것, 그리하여 일체의 질투와 욕망의 혼돈 속에서 이륙한다는 것. 오직 그 단 하나의 시간을 향하여 내가 뛰어왔고 이제 막 그 도착 지점에 이르렀다는 느낌이 내 속에 아주 깊숙이 감추어져 있던 황홀한 자존을 나에게 알려주었다.


4 바보들, 환생

완벽하게 모든 것을 포기한 뒤에 오는 막막한 자유, 푸르게 되살아오는 자유의 추억들, 순간순간마다 모든 것들이 그립고 모든 것들이 한숨처럼 무섭다. 육체에 대한 경멸, 거미의 죽음. 그리고 텅 빈 공간 속에서 오로지 홀로임을 느낄 때, 깊어져 가는 상념의 향기. 외부를 향한 고통이 스스로의 내부를 향해 그렇게 아득한 하나의 향기로 익어갈 때, 문득 너의 이름을 부르고 싶고, 너를 갖고 싶고.

그러나 모든 것을 포기한 뒤에 오는 막막하고 서러운 자유, 푸르게 되살아오는 자유의 추억들. 온몸에 하나도 힘이 없고 그리하여 죽을 여력마저 없을 때, 이렇게 막막하게 나를 휘감는 것은 과연 무엇인가. 알 수 없는 평화와도 같은 것. 짐승들의 깊은 침묵과도 같은 것. 살아 있음에 대한 경멸, 그리고 거미의 환생.

---

\* 황지우 시인의 시 제목.
\*\* 「이니셜 B · B」라는 노래를 부른 프랑스 가수.

# 달

조금은 어두운 대낮,
전기 플러그를 꽂으면 달이 뜨네
정지된 풍경들 속에서 색소폰 소리가 나네

아, 난 어지러워
무너진 언덕 너머에는
출렁이는 네 어깨와도 같은
신열의 바다가 있네
어디로도 가려 하지 않는
바람과 배 한 척 있네

베티,
내 푸른 현기증과 공터의 육체 위에
너의 보라색 입술을 칠해 줘
베티, 기억하고 있니
내 어깨 위에 걸려 있던 너의 다리
그 아래로만 흐르던 물결, 바람 불어
경사진 사랑의 저 너머에서
함께 출렁거리던
깊고도 위험했던 나날들

기억해?
그때 네 가슴 깊은 곳에서 피어오르던
37도 2부의 숨결들,
나날들

전기 플러그를 빼면 달이 지네
조금은 어두운 대낮
막판의 희망이
게으른 새들처럼 엎드려서
울고 있는

## 푸른 돛배

탁구공 속의 푸른 돛배를 보셨나요
순간의, 그 꿈꾸는 듯한 속도에 실려 출렁이는
저 푸른 돛배의 계절을 보셨나요 가을이거나
또 다른 가을의 틈새, 간혹 눈 내리는 초겨울
탁구공 같은 우주 속의 푸른 돛배를 보셨나요
흘러가거나 멈추는 것들의 영원,
그 매 순간의 황홀하고도 무서운 영원 속에서
수십 장의 나뭇잎들이 몸 뒤척일 때마다
푸른 돛배로 바뀌는 신비를 보았나요
촛불 속으로 달려가고 있는 푸른 돛배
그대 무심히 내뿜는 담배 연기 속의 푸른 돛배
그 푸른 돛배가 황금의 노을로 사라질 때까지
눈감지 못하는 그대 눈동자 속의 푸른 돛배
그대 눈동자 뒤편에서 출렁이는,
푸른 돛배를 보셨나요
탁구공 속의 푸른 돛배를 보셨나요
가볍고도 아름다운 그 동그란 공기 속에서
가기도 잘도 가는
푸른 돛배 한 척

## 혜화동, 검은 돛배

아름다운 기억들은 폐허의 노래 같다
오후 5시의 햇살은 잘 발효된 한 잔의 술
가로수의 잎들을 붉게 물들인다 자전거 바큇살 같은 11월
그녀는 술이 먹고 싶다고 노을이 지는 거리로 나를 몰고
나간다 내 가슴의 둔덕에서 염소떼들이 내려오고 있다

둥글게 돌아가는 저녁의 검은 레코드,
어디쯤에선가 거리의 악사들이 노란 달을 연주하고 있다

텅 빈 마음을 끌고 가는 깊고도 푸른 거리

## 해변의 욕조
—— 장 필립 투생

욕조는 아름답다, 텅 비어 있는
그리하여 알몸의 꽃을 심을 수 있는
욕조는 아름답다, 나는 욕조를 바라본다
하루 종일, 욕조 속의 여자를 바라본다
여자는 샤워를 하기도 하고, 꿈을 꾸는 듯
먼 곳을 향하여 나아가려는 듯
수영을 하기도 한다, 수영을 하는
여자의 알몸은 아름답다, 나는 해변을
생각한다, 해변의 꽃 모종을 생각한다
나는 해변으로 가려고 한다, 나는
해변이다, 해변의 꽃 모종을 생각한다

나도 언젠가 나의 몸에 꼭 맞는
욕조를 가진 적이 있었다, 종종 그곳에서
알몸으로 누워 삼류 소설을 읽기도 했다
외출할 때는 욕조를 입고 나가기도 했다
사람들은 그런 나를 요조숙녀라고 불렀지만
개의치 않았다, 나는 욕조 속에서만
알몸이었고 나의 알몸을 느낄 수 있었고
알몸과 얘기할 수 있었다

그런 나를 사람들이 다시 한번
욕조숙녀라고 불러주었더라도 괜찮았을 텐데
나도 언젠가 나의 몸에 꼭 맞는
그런 욕조를 가진 적이 있었다
그리고 그곳에서 알몸의 나와 오래도록
부드럽고 긴 섹스를 한 적이 있다

# 나는 음악처럼 떠난다

——7월,

나는 거의 할 일이 없어, …… 灣 바라보다

──8월,

자, 이제는 해변으로라도 가야 한다

──혜화灣,

  테베에서 커피를 마시고, 우리는 발칸 반도의 서쪽 해안을 따라 아르타로 간다, 이 해안선의 어디쯤엔가, 자다르와 가에타, 툴롱과 말라가가 있을 것이다, 말라가에서 바라보면 지브롤터 해협 건너 오랑이 있을 것이다, 그러나 오랑에서 세투발에 가기 위하여 사람들은 바다호스를 거치지는 않는다, 말라가에서 계속 해안을 따라가다 보면 세투발에 닿을 것이다, 그리고 우리들은 비고와 히혼을 거쳐서 라로셀로 향한다, 라로셀에서 바라보는 비스케이 灣의 황혼은 아름답다, 그러나 칼레로 가는 우리는 비스케이만의 아름다움에 쉽게 눈멀지 않는다, 더 아름다운 것을 보기 위하여 우리는 계속해서 해안선을 따라 칼레를 지나 암스테르담과 오르후스와 탈린과 말뫼와 페쳉가와 아르항겔스크를 지나 카닌 반도로 간다, 카닌 반도는 춥다, 너무 추워서 아름다운 반도, 카닌 반도에는 水晶의 나무들이 산다, 그러나 그 아름다운 숲의 나무들과 순결처럼 차가운 계절을 가슴속에 품고 우리는 해안을 따라 계속해서 간다, 야말과 기단과 틱시를 지나 추코트 반도를 돌아 캄차카 반도에 다다를 무렵, 우리들의 가슴속에서는 아름다운 노래를 부르던 한 사람이 죽기도 한다, 그러나 우리는 기지가와 빌리가, 이레트와 마가단을 거쳐 추미칸에서 잘생긴 어부를 만나기도 할 것이다, 투구르를 지나 오랜 산책 끝에 블라디보스톡에 이르면 어느새 겨울이 끝나가고 있을 것이다, 그러면 우리는 청진과 함흥과 원산을 거쳐 대포항에 다다를 것이다, 대포항에서 우리는 친구들을 만나기 위하여 서울로, 혜화灣으로 달려올 수도 있을 것이다, 그리고 혜화灣에서 플라타너스 잎들의 서쪽을 향해 걸으며 우리는 말할 것이다, 우리는 지금 테베로 간다, (그런데 도대체 테베는 어디 있지?) 속으로 묻기도 하면서, 우리는 아름다운 해안선을 따라 계속해서 걸어갈 것이다

───── 센티멘탈 실업 동맹,

그러나 오랑에서 세투발에 가기 위하여 사람들이 바다호스를 거치지는 않는다

그리고 나는 오랑에서 3년을 살았다, 오랑의 집들 사이로는 거미의 입김 같은 바람이 불었던 걸로 기억한다, 가끔 알제市로 우리는 자전거를 타고 한 달간을 달려가기도 했다, 알제에 무슨 특별한 일이 있었던 것은 아니다, 다만, 지중해 저 너머를 향한 우리의 그리움이 그곳에 추억을 실어다 나르고 있었던 것인지도 모른다, 우리들의 가슴엔 언제나 푸른 지중해가 넘실거리고 있었고, 우리들의 귀에는 바다 갈매기의 울음소리, 음악처럼 들려왔다, 코코넛 향기처럼 달콤했던 우리들의 청춘 시절, 우리의 청춘은 깃발처럼 나부끼며 그 바닷가에서 오래, 페스트 같은 사랑의 열병을 앓고 있었는지도 몰랐다, 그러나 오랑에서 세투발에 가기 위하여 우리가 바다호스를 거친 적은 없다, 우리는 세투발에 갈 일이 없었으며, 더구나 바다 건너 대륙의 바다호스를 그리워한 적은 없었기 때문이다, 우리는, 우리들 가슴속의 내륙에서 한번도 떠나본 적

이 없었다, 우리들의 그리움이란 센티멘탈 실업 동맹 같은 것이었기 때문이다, 그리고 오랑에는 모든 것이 다 있었기 때문이다, 맥주와 담배, 센티멘탈 실업 동맹, 그리고 실연과 실업과 실업 수당까지도, 심지어는 센티멘탈 실업 동맹의 파트롱인 시시껄렁한 삶까지도

  말라가에서 계속 해안을 따라가다 보면 세투발에 닿을 것이다

  그리고 센티멘탈 자니 기타, 기타를 치며 노래하네, 난 테베로 갈 거야, 센티멘탈 자니 기타, 밤새도록 별빛 아래서 목이 쉬도록 노래하네, 테베에는 어여쁜 아가씨들이 많아, 그중에서도 제일로 예쁜 아가씨와 달빛 아래서 난 사랑을 할거야, 난 테베로 갈 거야, 워, 워……

—— 11월,

  후박나무, 복숭아나무, 사과나무, 모과나무, 배나무, 감나무, 앵두나무, 목련, 은행나무, 벚나무, 라일락, 주목, 향나무, 석류나무, 단풍나무의 가을이 왔다

후, 하고 깊은 한숨을 내쉬자 내 안의 천사가 날아가 버렸다

라사에 뜨는 아득한 초저녁 별

# 그리고 그후에 기타의 눈물이 시작되네

1 처음에

처음에는 아무런 말도 할 수 없었네, 때로는 침묵이 악기처럼 울릴 때도 있는 법, 나는 다섯 개의 검을 가지고 있었지만 심장은 단 하나밖에 없었네, 단 하나의 심장으로도 사랑은 시작되는 것, 바람은 고요히 나뭇잎들을 흔들지만 처음부터 나뭇잎은 단 하나의 심장 때문에 흔들리는 것이라네, 처음에는 아무런 노래도 할 수 없었네, 그러나 침묵이 악기처럼 울릴 때, 노래는 그리움의 상처로부터 돋아나는 달빛의 새살, 바람이 없어도 저 홀로 나부끼는 깃발이라는 것을, 나의 기타는 아네, 다섯 개의 검에 베어진 심장을 지닌 나의 기타는 아네, 자신의 상처가 노래임을, 상처받은 한 마리의 고통, 하나의 심장이 노래의 유일한 근원임을


2 지나간 후에

그래서, 기타를 한구석에 밀어두고, 그래서 나는 그 여인이 처녀인 줄 알고 강가로 데리고 갔다, 그러나 그 여자

는 남편이 있었다, 때는 마치 약속이나 한 듯 시골의 잔치가 끝나 가는 축제의 밤이어서 모든 등불이 다 꺼져 있었고 귀뚜라미만이 울고 있었다, 아주 후미진 곳에 이르렀을 때, 나는 그녀의 잠든 유방을 애무했다, 그러자 그녀는 잘 익은 석류처럼 순간적으로 활짝 열려오는 것이었다, 가볍게 풀을 먹인 속치마는 열 개의 칼에 찢긴 비단 조각같이 나의 귓전을 울려주었다, 가지와 잎에 달빛도 받지 않고 나무들은 잘도 자랐던 것이다, 그리고 멀리 강 건너 어두운 벌판에선 개가 짖어대고 있었다, 산딸기와 등나무 덤불 그리고 가시나무숲을 넘어 그 밑에 오목한 자리를 마련하였다, 나는 넥타이를 풀었고 그녀는 옷을 벗었다, 나는 허리띠를 풀었고 그녀는 네 개의 속옷을 벗었다, 목화송이도 달팽이도 그렇게 보드라운 살결을 가질 수는 없었다, 달빛을 받은 수정도 그렇게 맑게 빛날 수는 없는 것이다, 그녀의 살결은 놀란 물고기같이 내게서 미끄러져 빠졌고, 근육의 반은 뜨겁게 타는 불, 반은 차가운 것이었다, 그날 밤 나는 고삐도 안장도 없는 진주로 된 어린 말을 타고 이 세상에서 가장 좋은 길 중의 길을 달렸다, 그 남자를 위해, 그녀가 내게 고백한 사연은 말하지 않으련다, 이해의 빛은 무척 나를 신중하게 만들었기 때문이다, 포옹과 모래로 불결해진

*그녀를 데리고 강으로부터 나는 나왔다, 공중에서는 백합의 칼들이 서로 싸우고 있었다, 나는 나답게 행동을 하였다, 정통의 집시답게 말이다, 난 그녀에게 노란색 비단으로 수놓은 커다란 바느질 함 하나를 선사하였다, 그러나 내가 강가로 데리고 갈 때, 남편을 가졌으면서도 처녀라고 말한 그 여자를 더 이상 사랑하고 싶지는 않았다*


3 그 다음에

 그래서, 가르시아 로르카\*의 시집을 덮고 나니 에밀 쿠스트리차의 「집시의 시간」이 떠올랐다, 그래서 그 다음에 전인권의 「사랑한 후에」라는 노래를 들었다, 밤은 참 길기도 하다, 빅토르 최의 노래를 더 들으며 세 대의 담배를 연거푸 피웠다, 재채기가 나고 콧물이 났다, 휴지로 코를 풀었더니 눈물이 났다, 그래서 「사랑에 관한 짧은 필름」을 생각했다, 밤은 참 길기도 하다, 아직 기타를 치고 싶지는 않았다, 그래서 라디오를 틀었다, 밤은 참 길기도 하다, 라디오에서는 여자 아나운서가 음악 프로를 진행하고 있었다, 그녀는 아마 낮에 한숨 푹 잤을 거라는 생각을 했다, 심심해서 화분에 물을 주고 커피를 한 잔 타 먹었다, 담배를 또 한 대 피웠다, 그래도 갈증이 나서 커피를 한 잔 더 먹었다, 밤은 참 길기도 하다, 사람들은 왜 나에게 전화도 하지 않고 벌써 잠들어 버린 걸까, 턴테이블 위에 올려놓은 중국 악기를 쳐다보았다, 악기가 마오 쩌뚱, 기울어져 있었다, 활을 들고 연주하면 띵 샤오핑, 소리가 날 것 같았다, 밤은 참 길기도 하다, 어항을 열어 거북이 밥을 주고 나서 로리 콜윈이라는 여성 작가의 「情婦」라는 단편을 읽었다, 또 담배가 피우고 싶어져서 창문을 열고 담배를 피웠다, 또 재채기가 났다, 휴지로 다시 코를 풀었다, 여자 아나운서는 여전히 졸리지 않은 목소리로 방송을 진행하고 있었다, 이 시간엔 그녀의 음성이 음악 같다, 밤은 참 길기도 하다, 창밖에는 함박눈이 내린다, 아니 내리지 않아도 나는 이 시간엔 그렇게 쓰고 싶다, 그러나 창문을 열어보니 진짜로 눈이 내린다, 밤은 참 길기도 하다, 새벽을 고요히 덮어가는 눈발, 나는 강원도의 힘을 느낀다, 강원도의 힘은 저 눈발로부터 온다, 지상의 모든 것들을 순식간에 뒤덮어버리는 저 무지하고 순수한 反動으로부터, 그리고 그 눈발을 먹고 자라나는 겨울 나무들로부터, 나는 내가 강원도 출신이어서 지금 이 글을 쓰고 있다고 생각한다, 나는 내가 지금 강원도에 있지 못하므로 이 글을 쓰고 있다고 생각한다, 밤은 참 길기도 하다, 강, 원, 도, 라고 속으로 발음해 본다, 언젠가 돌아가고 싶다 그 품으로, 밤은 참 길기도 하다, 죽어서 또 다른 부활을 꿈꾸는 영혼의 대지를 감싸며 눈은 사랑의 힘으로 밤새 내린다, 그러나 아직 나는 기타를 치고 싶지는 않았다, 밤은 참 길기도 하다


4 그리고 그후에

 기타의 눈물이 시작되네, 새벽의 술잔을 깨며 기타의 눈물이 시작되네, 기타를 침묵게 함은 헛된 일, 기타를 침묵시킴은 불가능한 일, 지상에 낮게 깔린 물결이 울고, 눈 쌓인 정상에서 겨울바람이 울듯 단조롭게 기타가 울고 있네, 기타를 침묵시킴은 불가능한 일, 멀리 있는 사물을 위하여 기타는 운다네, 뜨거운 남쪽 나라 모래는 하얀 동백 꽃잎을 구하네, 표적 없는 화살인 양, 아침 없는 오후에 나뭇가지 위에서 제일 먼저 죽어간 새를, 기타는 울어주네, 아, 기타여! 다섯 개의 검으로 베어진 심장이! (울고 있는)

## 5 눈 내린 아침에

　——뭐처럼 생긴 것 같아?
　——머리에 볶음밥을 올려놓은 것 같아
　눈이 내린 아침, 로르카의 사진을 보여줬더니 어린 아들이 한 말이다


　그래서, 나는 나의 기타를 연주하네, 검은 눈동자로 바라보는 어두운 숲의 저편에서 밤새도록 함박눈이 내려 새들의 날개가 젖어갈 때 내 기타의 눈물이 시작되네
　나는 나의 기타를 연주하네, 다섯 개의 검으로 베어진 심장이 울어 身熱처럼 밤새 내가 듣던 음악
　나는 나의 기타를 연주하네, 가르시아 로르카라는 악기, 밤새 내가 듣던 숨결보다 더 고요한 음악, 이런 것들, 저런 것들, 둥둥둥 울리는 추억의 기타 등등을 위해
　나는 나의 기타를 연주하네, 새벽 세시의 사막과 네시의 적막 그리고 다섯시의 눈발을 지나 다다른 이 환한 아침에
　나는 나의 기타를 연주하네, 내 기침 소리 덮어버리며 내리는 무모한 폭설을 위해, 그 폭설을 바라보던 간밤의

아득한 신열을 위해
　나는 나의 기타를 연주하네, 그리고 그후에 기타의 눈물이 시작되네, 라는 시를 이제 막 쓰려고 하는 나를 위해, 눈 내린 이 아침에

　나는 나의 기타를 연주하네,
　그리고 그후에 기타의 눈물이 시작되네

---

* 스페인의 시인(1898-1936). 「2 지나간 후에」와 「4 그리고 그후에」는 로르카의 「부정한 유부녀」와 「기타」라는 시를 변형하여, 인용하였다.

2

# 버찌

허공의 경계선을 지나
운석처럼 버찌들이 떨어진다
저들이 태어나 한 생애를 견디고
끝내 가고자 하는 곳은 어디인가
한 점 핏방울로 맺히는
망명점. 북반구의 유월

기억나지 않는 生涯

저 너머로,
지가 그 무슨
열혈남아라도 되는 양
핏빛으로
버찌가 떨어진다

이해받지 못한
울음 덩어리의 生

## 동정 없는 세상

새벽에는 박하*와 나만이 깨어 있다, 동정 없는 세상
나는 담배를 피우며 글을 쓰고
박하는 글을 쓰는 나를 쳐다보다
가끔 졸기도 한다, 졸면서 박하가 꾸는 꿈이
나는 몹시 궁금하다, 짐노페디라는 음악
참 멀리 가는 그 음악의 성분이 나는 그립다
매실들이 둥둥 떠 있는 매실주 술병을 쳐다보면
나는 자꾸만 음악이 고파져서 밤새도록 마시고 또 마신다
그러다 또 내 낡은 턴테이블을 보면 생각나는 것이다
오래된 레코드판에서 흘러나오던
맑디맑은 강물 같던 그 음악
어느 국경을 지나왔는지 몰라도
어떤 집시의 노래 같던 그 음악
나는 그 음악이 아마
포르투갈 어느 집시의 노래일 거라고 생각한다
그러면 나는 금세 집시처럼
새벽의 별빛 아래에서
오랫동안 서성거리는 것이다

낮에,
에릭 로샤의 동정 없는 세상을 봤다
방학이라서 나는 몹시도 심심했을 터,
그리고 또 하루가 가서
저녁을 지나 새벽이 되었다
새벽에는 나와 박하만이 깨어 있다, 동정 없는 세상
나는 지금 북반구의 열대야에 앉아
남반구의 한기를 온몸으로 느끼고 있다
내 몸속 깊이 파고드는
짐노페디라는 음악을 마시며
나는 이 밤도 취하려고 한다, 동정 없는 세상
나를 취하게 하는 성분이
결국 나를 꿈꾸게 하리

---

\* 〈박하朴賀〉는 영화 「박하사탕」의 촬영지에서 얻어와 집에서 기르고 있는 태어난 지 두 달 된 강아지의 이름이다.

## 슬픈 열대야

이곳은 창문 너머로
야자수 같은 게 흔들거리는 슬픈 열대야
아니 자세히 보면 수족관의 물풀들이
하늘하늘 흔들리고 있어
지금은 오래된 유행가처럼
어디선가 한 소절 바람이 불어온다
슬픈 열대야,
나 지금 대야에 찬물을 받아 세수를 하고 있어
지금은 안 보이는,
너를 보기 위해 눈동자를 씻고 있어
그러나 내 발밑
깊은 땅속으로는
스무 량을 단 밤열차가
기적도 없이 흘러가지, 전갈처럼
제 몸을 물어뜯어서라도
사랑하고 싶을 때가 있어, 사막을
통과하는 바람처럼
뜨거운 목울대로 울고 싶을 때도 있는 거야
가끔은, 인간이 창문 너머로 보이기도 한다
이곳은 슬픈 열대야

# 목련통신

## 1 어느 죽음의 기록

| | | | |
|---|---|---|---|
| 비정성시 | 대만 | 158분 | 허우 샤오시엔 |
| 시티 라이트 | 미국 | 90분 | 찰리 채플린 |
| 집시의 시간 | 유고 | 138분 | 에밀 쿠스트리차 |
| 블레이드 러너 | 미국 | 117분 | 리들리 스코트 |
| 컴 앤 씨 | 소련 | 142분 | 엘렘 클리모프 |
| 황토지 | 중국 | 89분 | 첸 카이거 |
| 몽콕하문 | 홍콩 | 90분 | 왕가위 |
| 목련응시 | 한국 | 36분 | 박정대 |

## 2 목련응시

 아무 말 없이 목련을 바라보네 어두워져 가는 하늘 아래 점점이 돋아나는 몇 점의 불빛들, 사랑하는 것들 모두 떠난 뒤에 기침처럼 남아 있는 목련을 보네 유리의 밖은 어둡고 유리의 안은 더 어둡네 內外를 불문하고 세상의 봄은 환한 폐허 위로만 오네 그 폐허를 밟아가는 내 눈동자의 그림자 아득히 어두워질 때 난 자꾸만 목련 쪽으로

기울고 싶네 목련 속으로 걸어 들어가 다 늦은 망명 정부의 불꽃 다시 피우고 싶네


3 펄럭이는 숨결 속에서

 나는 나뭇잎처럼 아프게 될 것 같다 그대여, 아무래도 나는 나뭇잎처럼 퍼렇게, 퍼렇게 멍들며 아프게 살아갈 것 같다 그대의 얼굴을 보는 순간 나는 나의 노래를 잊었네 잊혀진 노래 사이로 바람이 불어 나, 나뭇잎처럼 얇은 가슴 하나로 펄럭였네 가면을 벗어버리고 숨소리조차 한없이 떨고 있었네 누가 나의 숨소리를 함부로 사랑이라고 말하는가 나는 그대의 침묵 앞에서도 깃발처럼 펄럭이는데 그대여, 조용히 나에게로 와서 내 핏속을 강물로 흐르는 그대여 노래를 잊은 곳에서 나, 그대를 생각할 때마다 푸른 한 잎의 섬으로 돌아나노니 이 한없이 쓸쓸한 숨결을 누가 사랑이라고 하겠는가 아, 나는 가면을 벗어버린 벌거숭이 영혼, 그대를 보는 순간 한숨의 거미줄에 사로잡힌 아픈, 사랑의 現存

4 검은빛 소파 위에서

 내가 검은 바지를 입고 오래도록 앉아 있을 때 햇살은 자꾸만 쳐들어오고 삭신은 모래 위에 지은 집처럼 와르르 와르르 자꾸만 무너진다 어디로 가야 하는가, 어디로 가지 말아야 하는가 아프지 않은 것들은 아픈 것들의 나뭇가지, 아픈 잎사귀들을 자꾸만 바람에 버린다 노래하는 자, 더 이상 노래 부르려 하지 않는 자, 바야흐로 이제 막 목련꽃 질 무렵이다, 퇴각하는 남부군처럼


5 그토록 차디찬 음악 속에서

 누군가 빗속에 서 있었네 나무들과 함께 누군가 빗속에 서 있었네 나뭇가지에 걸린 검은 구름들이 울고 있었네 무언가 서러운 일이 있었다는 듯 울고 있었네 우는 구름 아래 누군가 빗속에 서 있었네 갈 길을 잃은 듯 하염없이 비를 맞고 서 있었네 주머니 속에서는 성냥과 담배가 젖어가고 시선 속에서는 고양이와 새들이 젖어갔네 젖은 지붕들 위로 비가 내리고 젖은 지붕들이 울고 있었네 우는

지붕 위에서 누군가 바이올린을 켜고 있었네 빗줄기의 현을 오래도록 켜고 있었네 아름다운 노래가 될 때까지 하염없이 비가 내리고 있었네 누군가 빗속에 서 있었네 아무 말도 할 수 없다는 듯 침묵의 나무 둥치 곁에 서 있었네 그가 찬 손목시계는 오후 두시에서 젖어들고 있었네 초침들은 습기를 밀어내며 힘들게 회전하고 있었네 누군가 빗속에 서 있었네 멀리에서 기타 소리가 들려왔네 누군가 빗속에 서 있었네 연인들은 빗속을 뚫고 골목길로 사라지고 나무들은 추운 듯 자꾸만 몸을 떨었네 몸을 떨 때마다 잎사귀들의 눈물이 떨어졌네 아무도 보지 않았지만 누군가 빗속에 서 있었네 차들은 흙탕물을 튕기며 컴컴한 오후로 달려갔네 추억의 커피들은 식지 않으려는 안간힘으로 온몸을 웅크렸네 누군가 빗속에 춥게 서 있었네 아무도 그에게 말을 걸지 않았네 누군가 빗속에 떨면서 서 있었네 그의 턱에선 턱의 눈물이 떨어졌네 누군가 빗속에 서 있었네 그토록 차디찬 음악 속에서

## 6 어느 봄날의 저녁

봄날 저녁이지, 마음의 한켠에선
간짜장처럼 쏟아지는 어둠을 비빈다
식욕이여, 황폐해질수록 아름다운 식욕이여
하늘 종일 무너지며 당도한 이곳은
어느 봄날의 저녁인가, 밤하늘 가득
양파처럼 흩뿌려져 있는 떠돌이별들
씹으면 모래알로 부딪혀오는
이빨 속 사막이여

내가 사막이니,
그대인들

식초 같은 비 내리면
아, 이곳은
어느 봄날의 저녁인가

## 앵두꽃을 찾아서

앵두꽃을 보러 나, 바다에 갔었네 바다는 앵두꽃을 닮은 몇 척의 흰 돛단배를 보여주고는 서둘러 수평선 너머로 사라졌으므로 나, 사라져가는 것들의 뒷모습을 아쉽게 바라보다가 후회처럼 소주 몇 잔을 들이켰네 소주이거나 항주이거나 나, 편지처럼 그리워져 몇 개의 강을 건너 앵두꽃을 찾아 산으로 갔으나 산은 또한 나뭇잎들의 시퍼런 고독을 보여주고는 이파리에 듣는 빗방울들의 서늘한 비가를 들려주었네 남악에서 들려오는 비가를 들으며 나, 또다시 앵두꽃이 피는 항산을 찾아 떠났으나 내 발걸음 비장했음은, 내 마음속으로 이미 떨어져 휘날리는 꽃잎의 숫자 많았음에랴 그리고 나, 문지방에 앉아 문득문득 앵두꽃에 관하여 생각할 때마다 가보지 않은 이 세상의 가장 후미진 아름다운 구석을 떠올리겠지만 앵두꽃을 보기에 그대만한 장소가 이 세상 또 어디에 있으랴 이제사 고요히 철들어 나, 앵두꽃을 보러 그대에게로 가노니, 하늘 아래 새로운 사실은 없고 그 사실 앞에서 앵두꽃이 피지 않는 곳 또한 없음에랴

# 영원의 거리에서의 송어 낚시, 133분 40초
—— 지상의 풍경 저 너머로 짐을 진 자동차들이 무쇠의 몸체를
이끌고 가는 로드 무비


그대는 파리에서 천국보다 낯선 경험을 하고 또 누군가는 뉴욕과 클리블랜드와 플로리다에서 그런 경험을 하겠지만, 나는

영원의 거리에서,
놓친 송어의 숫자나 세고 있네

*여행의 날짜와 놓친 송어의 숫자*

1891년 4월 7일, 놓친 송어의 숫자 8
1891년 4월 15일, 놓친 송어의 숫자 6
1891년 4월 23일, 놓친 송어의 숫자 12
1891년 5월 13일, 놓친 송어의 숫자 9
1891년 5월 23일, 놓친 송어의 숫자 15
1891년 5월 24일, 놓친 송어의 숫자 10
1891년 5월 25일, 놓친 송어의 숫자 12
1891년 6월 5일, 놓친 송어의 숫자 18
1891년 6월 6일, 놓친 송어의 숫자 15
1891년 6월 17일, 놓친 송어의 숫자 7
1891년 6월 19일, 놓친 송어의 숫자 10

1891년 6월 23일, 놓친 송어의 숫자 14
1891년 7월 4일, 놓친 송어의 숫자 13
1891년 7월 23일, 놓친 송어의 숫자 11
1891년 8월 10일, 놓친 송어의 숫자 13
1891년 8월 17일, 놓친 송어의 숫자 8
1891년 8월 20일, 놓친 송어의 숫자 12
1891년 8월 29일, 놓친 송어의 숫자 21
1891년 9월 3일, 놓친 송어의 숫자 10
1891년 9월 11일, 놓친 송어의 숫자 7
1891년 9월 19일, 놓친 송어의 숫자 5
1891년 9월 23일, 놓친 송어의 숫자 3

여행의 총횟수 22번, 놓친 송어의 총계 239
한번 여행시 놓친 송어의 평균 숫자 10.8

그리고 어느 날 꿈에서 나는, 전에 한번도 본 적이 없고 적당한 단어를 찾을 수 없는 푸른 색깔을 가진 호랑이들을 보았네, 나는 산정에 드러누워 있었고 다시 호랑이의 꿈을 꾸었네, 꿈속에서 나는 그 색깔들을 보았네, 그것은 호랑이의 색깔이자, 산꼭대기 평지의 돌들이 가진

색깔이었네, 그리고 그 당시 나는, 매일 밤마다 그 돌들의 꿈을 꾸었네

*꿈꾼 날짜와 푸른 돌들이 낳은 새끼들의 숫자*

2000년 4월 3일, 돌들이 낳은 새끼들의 숫자 3
2000년 4월 4일, 돌들이 낳은 새끼들의 숫자 15
2000년 4월 7일, 돌들이 낳은 새끼들의 숫자 14
2000년 4월 8일, 돌들이 낳은 새끼들의 숫자 21
2000년 4월 12일, 돌들이 낳은 새끼들의 숫자 7
2000년 4월 15일, 돌들이 낳은 새끼들의 숫자 419
2000년 4월 16일, 돌들이 낳은 새끼들의 숫자 12
2000년 4월 17일, 돌들이 낳은 새끼들의 숫자 9
2000년 4월 22일, 돌들이 낳은 새끼들의 숫자 13
2000년 4월 24일, 돌들이 낳은 새끼들의 숫자 24
2000년 4월 25일, 돌들이 낳은 새끼들의 숫자 3

꿈꾼 총횟수 11번, 꿈속에서 돌들이 낳은 새끼들의 총계 540
돌들이 한번에 낳은 새끼들의 최고 숫자 419, 최소 숫자 3

한번 꿈꿀 때마다 돌들이 낳은 새끼들의 평균 숫자 49.9

하루하루는 그대 생애의 나뭇잎 하나
지금은 나뭇잎들도 걸어서
대지의 가슴팍으로 망명해 가는 시간
촛불이 음악 소리를 내며 타오르는 시간
창밖엔 삼만팔천 그루의 나무들이 밀어가는
한 척의 달, 또다시 새벽으로 입항하려는데

이 글을 쓰려고 소비한 시간은 133분 40초
영원의 저편으로 사라져버린
영원의 거리에서의 송어 낚시, 133분 40초

---

* 이 시에서는 짐 자무쉬, 리차드 브라우티건, 보르헤스, 폴 발레리의 글이나 이미지가 원형 그대로 혹은 〈훼손〉되어 인용되었다.

## 소금쟁이 검객들의 이야기


나 언제 까치발로 그립게 서본 적 있던가
쑥뜸 뜨는 시간을 지나 안 아픈 풍경 쪽으로
나 언제 열망처럼 한번이라도 날아오른 적 있던가
늦은 밤, 라면과 담배를 사 들고 들어와
고성산성처럼 높은 방의 창문을 열면
책상머리에 앉아 있어도 사행하는 푸른 추억
동강이 훤하게 다 보인다
열린 창문의 격변 그 너머로
소사 마을의 장광이 보이고
가우리 은은한 물결 속 어름치들의 노래
눈감아도 다 들린다, 그러나 지금은 낯선 서울
천둥 번개와 함께 비 내리는 나, 쓸쓸함이
때로는 외로운 한 마리 식물처럼 자라나
아무도 없는 지상의 황폐한 꿈을 가득 채울 때
사랑은 꿈으로도 멀리 갈 수 없는 못난 헛기침,
새벽이 오면 내가 키우는 난은 창가에서 잠들고
내가 키울 수 없는 난의 향기는
허공에서 잠들겠지만
난, 쉽게 잠들지 못하리 밤새
아무르, 아무르, 아무리 울어도

비오리, 고향에 갈 수 없으리
모든 게 물에 잠겨, 촌놈들
난초를 칼처럼 뽑아들고
물위를 뛰어다니리
꿈속에서,
바보처럼 제 기침 소리나 베며
소금쟁이 검객이나 되리

# 시베리아 호랑이에 관한 시


──사진에 관한 노트에서.

영상은, 현상학자들의 말에 의하면, 대상의 허무이다
─롤랑 바르트

──어떤 입맞춤.

 그러나 언제 어디서나 구체적인 저녁은 오네 거미줄 위의 오솔길을 따라 저녁은 동그란 시간을 굴렁쇠처럼 굴리며 쌍둥이 구름을 데불고 흘러가네 그리고 누군가 동그란 입술을 벌려 〈나뭇닢〉이라고 말할 때 그 입술 위에 돋아나는 반짝이는 나뭇닢들은 언덕 위에 멀거니 서서 나부끼는 〈나뭇잎〉의 허무를 허무네

──구름 저편.

 구름 저편엔 뭐가 있나, 하루 종일 나무를 바라보던 마음이, 나뭇가지에 날아든 새처럼, 딱딱한 입술로 중얼거리네, 새들은 날아다니는 저마다의 섬인 거, 그 섬 사이로 불어오는 바람이, 물결을, 공기의 물결을 밀어서, 누

군가의 생각 한가운데로 섬을 몰아가고 있는 거, 구름 저편엔 뭐가 있나, 바다, 푸른 바다, 검은, 푸른 바다, 검은, 깊은 푸른 바다, 어젯밤 누가 그녀를 헤엄쳐 건넜는가, 오늘은 또 누가 그녀 속에서 익사하는가, 추억의 헛간 같은, 구름 저편엔 뭐가 있나, 호수를 닮은 영혼들, 머리카락 휘날리며 바람 속을 달려가는 나무들, 물속의 나무들, 나무들 속을 흐르는 격렬한 침묵들, 오래된 추억 때문에 태양은 더욱더 뜨거워져 가는데, 바다, 그녀의 정맥 속으론 왜 차가운 구름장들이 흐르는가, 구름의 발바닥들, 잎사귀의 무릎들, 아니 〈나문님〉의 관절들, 그 동그란 발음 저편엔 도대체 뭐가 있나, 나와 나 사이엔 혹은 나와 나 사이엔, 뭐가 있나, 흐르는, 뭉쳐진 구름들, 흩어질 시간들, 저편엔 도대체 뭐가 있나, 거기에서 누가 침묵의 노래를 부르나, 도대체 누구인가, 도대체 깊은, 도대체 먼, 아주 먼, 먼 먼 나

—도대체 이건 뭔가(창밖엔 자욱히 장대비가 쏟아지는데), 나는 쌍둥이 구름에 관한 시를 쓰려다가 잠시 보류하고 비 내리는 창밖 깊은 숲, 시베리아 호랑이에 관한 시를 다시 써보네

──시베리아 호랑이에 관한 시,

지금 창바껜 포구, 비 맞는 단풍나무들
그 푸른 나뭇닢 소겐 도대체 뭐가 인나

# 아침가리, 새들이 날아가 죽는 곳


1 아침가리의 끝

강원도 인제에 가면 아침가리라는 곳이 있네
나는 이제 그 아침가리의 끝에서
어떤 기억의 여행을 시작하려 하네
거친 영혼의 산맥을 거슬러 오르는
내 오래된 逆行,
게릴라는 바람을 타고 이동하며
항상 겸허하게 땅에 입맞출 줄 아네


2 1967년

 *1967년 10월 9일은 체의 실제적인 삶이 끝나고, 사후의 또 다른 삶이 시작된 날이다, 그리고 새로 시작된 삶은 끝나지 않는다, 그의 새로운 삶은, 생명이 돌에서 솟아난다고 믿는 볼리비아 농민들 사이에서 처음 나타난다, 그들에게는 머나먼 옛날에 티티카카 호수의 깊은 바닥에서 조물주인 비라코차가 태어났다는 전설이 전해져 내려온다, 세상이 어둡다는 것을 안 조물주 비라코차는 달, 해, 별들을 만들었*

다, 그렇게 그는 대지에 빛을 주었다, 그런 다음 잉카의 수도인 쿠스코로 향했다, 하지만 그곳에서 64킬로미터쯤 떨어진 카차라는 곳에서 사람들은 그가 누구인지도 모르고 그를 죽이려 했다, 비라코차와 그의 전사들은 그때 돌로 변해서 싸움을 다시 시작할 수 있는 낮이 되기를 기다렸다, 라이게라와 그 근방의 농민들은, 체도 돌로 변해 다시 나타날 때를 기다리고 있는 것이라고 생각한 것이다, 그리고 누군가 〈인간은 꿈의 세계에서 내려온다〉고 말했다, 체가 볼리비아 밀림 속 나무에다, 지상에서의 마지막 순간을 예감하는 이 말을 새겼을 때 그는 다시 꿈의 세계로 올라가기 시작한 것이다, 자신의 위대한 조상들의 여신 파차마마와 자신의 별 사이에 주저 없이 올라앉은 체는 고양이 목숨 같은 일곱번째 생을 끝마친 것이다

## 3 인간은 꿈의 세계에서 내려온다

제 목——바람 속의 망명 정부: 달려가며 사랑하는 사람들
받는이——아침가리의 햇살들

(샤인님 카피됩니까, 로맹가리입니다)

먼저 샤인님께 정말로 고맙다는 인사를 드립니다. 어떤 여행인지도 전혀 모른 채 이번 여행에 동행했던 저는, 현장에 도착해 보니 샤인님의 〈옵션〉이었고, 귀고리였고 벙거지를 쓴 게릴라였습니다. 그러나 저는 이번 여행을 통해 제 마음속에 〈아침가리〉를 가져왔고, 무슨 상징처럼 가져온 〈아침가리〉라는 나무를, 방금 분갈이까지 하였습니다. 지금은 새벽 2시 50분, 샤인님을 통해 여러 고마운 분들께 인사를 드리려고, 커피를 한 잔 끓여 제 방으로 왔습니다

그날 첫번째 〈오프로딩〉 중, 금당 계곡에서 샤인님의 무쏘가 크레바스에 빠졌을 때 저는 어떤 두려움이나 걱정보다는 한없는 마음의 평화를 느꼈습니다. 숨막히고 딱딱한 〈현실의 온로드〉를 크레바스 하나로 뒤집을 수 있다니, 순식간에 그렇게 현실에서 〈오프로딩〉할 수 있다니, 저는 무쏘가 크레바스에 빠지던 그 순간 〈조그만 해탈〉을 이룰 수 있었습니다. 그리고 아, 〈아침가리〉

아침가리의 나무숲들이 마치 부드러운 빗처럼 무쏘의 머릿결을 쓸어 넘기던, 〈아침가리 숲속에서의 천사들의 이동〉을 지금 저는, 천

상에서의 기억처럼 간직하고 있습니다. 그곳에서 샤인님이, 〈이런 길은 아마 이 세상 어디에도 없을 것 같아〉라고 했지요. 그래요, 〈이 세상에 없는 길이 아침가리엔 있습니다〉

　이번 여행의 일정이 금당 계곡에서 출발하여 면온초등학교 유천분교, 아침가리의 끝, 1,388미터의 구룡덕봉 정상, 다시 아침가리 입구, 푸른 밤하늘에 빛나던 초생달에 이르는 〈역행의 대장정〉이었지만 저는 하나도 힘들지 않았습니다. 연어들이 母川을 향해 강의 상류 쪽으로 역행하듯 저는 너무나 행복했습니다. 또 저는 『체 게바라 평전』을 읽고 난 뒤 바로 떠난 여행이었기 때문에, 마치 쿠바의 산림 지역 〈시에라마에스트라〉에서 〈아바나〉까지를 잘 길들여지지 않은 야생마를 타고 달린 기분이니까요

　저는 이번 여행을 통해 너무 많은 것들을 얻었습니다.
　〈집착과 욕망에서 벗어나는 법〉과
　〈곰취와 곤드레와 두릅〉과
　〈웃음 좋은 뭉치〉와
　〈산속에서 펄펄 날던 조나단〉과
　〈바다의 신인 포세이돈〉과
　〈주은래처럼 현명하던 다트〉와

〈활화산을 가슴속에 묻어둔 열혈남아 실크로드〉와

〈와이퍼처럼 순식간에 사람들의 마음을 닦아주던 착한 로퍼〉와

〈산속엔 처음 날아왔지만 당황하지 않던 갈매기〉와

〈지금도 하늘에서 빙글빙글 돌고 있을 스톤〉과

〈아이들을 날개처럼 달고 지상을 이륙하던 솔이 아빠〉와

〈장차, 벙거지 쓴 게릴라로 육성하고 싶던 너무 귀여운 창훈이와 그 친구들〉,

이 모든 게 제가 이번 여행에서 얻어온 것들입니다

감히 이런 말을 써도 되는지 모르지만, 〈우리〉는, 모두 무엇인가를 가슴속에 품고 꿈의 세계에서 현실로 귀환한 것이지요, 누군가 〈인간은 꿈의 세계에서 내려온다〉고 했지만 이번 여행은 그 누군가의 말을 〈우리〉 모두에게 실현시켜 준 셈이지요, 그래서 저는 그 모든 분들께 감사의 인사를 전하고 있는 것이고요, 저는 이번주 안으로 네 편의 시를 써야 하는 아주 급박한 상황에 몰려 있지만 하나도 걱정이 안 됩니다, 그래도 어쩌다 좀 걱정이 될 때는 맘속으로 이렇게 중얼거려 봅니다, 〈그래, 내가 시를 쓰지 않아도, 아침가리는 거기에 있다, 그런데 뭐가 문제야? 아침가리가 바로 지금, 아니 영원히 그곳에 있을 터인데, 우리들 마음속에 말이야〉

샤인님, 물장구를 치며 일곱 살 소녀처럼 까르르 웃던, 험난한 삶의 가파른 길을 푸르게 질주하며 통과하던, 샤인님의 앞날에 햇살 가득하길 기원하며, 새벽 3시 50분에

아직 〈아침가리〉 근처를 헤매고 있는 로맹가리 올립니다

(이상, 샤인님께 로맹가리였습니다, 로저)


4 山頂에서

곰취와 곤드레 나물이 곤드레만드레 누워 있는 1,388미터 구룡덕봉 정상에서, 영혼의 게릴라들은 그들이 가야 할 멀고 긴 능선의 길을 바라본다, 안개에 묻혀 있는 산정의 길들은 오랜 세월, 바람의 꿈을 살찌우던 지상의 양식, 더 이상 오를 곳이 없는 산정에서 비로소 게릴라들은 대지의 거대한 모성을 향해 무릎 꿇는다, 펄럭이는 바람의 수첩 틈틈이 격렬하게 싸워온 지난날들을 기록하면, 바람의 끝에 묻어올 날들은 참 눈부시게 맑고 시리다, 몸서리치는 영혼을 데리고 가야 할 황홀하도록 가파른 먼 길

위에서, 산정에서 산정으로 이어지는 환한 관목의 숲길은
능선 가득히 꽂혀 펄럭이고 있고


### 5 아침가리의 길

작은 숨소리 하나만으로도
온 숲의 고독이 깨어나던 곳
바람이 고요히 물결을 떼밀어 열목어들,
물속의 처마에 걸어둔 풍경처럼
은은히 울리던 곳
전생의 애인이
하얗고 소담한 꽃으로 피어나
환하게 길을 비추어주던 곳
물소리 먹고 자라난 나무들이
물소리 나는 나뭇잎들을
종처럼 매달고 울던 곳

아, 아침가리의 길을
나는 천상에서의 기억처럼

간직하고 있네


6 아침가리, 새들이 날아가 죽는 곳


 오래간만에 비가 내렸네, 하루 종일 촉촉이 비가 내려 메마른 대지의 살갗을 적셔주었네, 새싹과 나뭇잎들은 고개를 들고 수런거리며 그 빗물을 받아먹고 있었네, 나는 어두워지는 사무실에 홀로 남아 점점 어두워져 가는 저녁의 풍경을 보고 있었네, 비에 젖은 저녁의 지붕 위로 불빛들이 하나둘 미끄러지며 떨어지고 있었네, 나는 어디론가 무작정 가고 싶었지만, 아무데도 가지 않았네, 불현듯 나는 본질적인 사랑이 그리웠네, 그래서 나는 그 텅 빈 사무실에서 커피를 한 잔 끓여 마시고 조금은 따뜻해진 내 가슴속으로 걸어 들어갔네, 가슴속에 있는 내 그리움의 산맥 밑, 모든 것이 끝나 가는 그곳으로 말이네, 그곳에는 한 떼의 새들이 날아와 죽어가고 있었네, 나는 죽어가는 새들의 눈동자를 위해, 그들의 영혼을 위해 나지막이 노래를 불러주었네, 어떤 새들은 미소 짓고 또 어떤 새들은 조용히 울고 있었네, 나는 어느새 내 마음속 아침가리에 와 있는 것이었네, 죽어가는 새들과 함께 나도 조용히 죽어가고 있었네, 창밖엔 여전히 그 모든 죽음을 애도하듯 비가 내리고 있었네, 그 가느다란 하늘의 뿌리, 실핏줄의 영혼들은 어디로부터 온 것일까, 그 하늘의 영혼과 만나고 있는 저녁의 청동 구릿빛 나뭇잎들은 음악 소리를 내고 있었네, 나뭇잎들이 연주하는 그 음악 소리는 어딘가 본질적인 사랑을 닮아 있었네, 나는 조용히 눈을 감고 한 척의 음악이 나뭇잎들을 떠나 나에게 다가오는 소리를 들었네, 그 속에는 참 많은 시들이 있었네, 그 시들은 내가 읽은 가장 아름다운 시들이었네, 나는 지금, 내 방의 촛불 아래에서 조용히 눈을 감고 내가 들었던 저물녘의 그 시를 다시 음미하려 하네, 그러나 지금 창밖엔 비가 그치고, 내가 들었던 그 시는 내 귓가로 다시 들려오지 않네, 새들이 물고 왔던 저녁의 빗소리, 나뭇잎들이 보내주었던 그 한 척의 음악은 이제 더 이상 나에게 당도하지 않네, 나는 지금 미완의 자세로 앉아 담배 연기만 자욱히 날리며 내 방의 새벽 공기를 더럽히고 있는 불모의 사막이네, 담배 연기 때문에 창문을 열어보지만 저물녘에 보았던 그 아름답던, 한 마리의 시는 내 창가로 날아오지 않네, 날아오지 않는, 들려오지 않는, 끝내 당도

하지 않을 그 한 마리의 시 대신에 나는 자꾸만, 새들이 날아가 그들의 영혼을 묻는 아침가리의 풍경을 읽고 있네, 그리고 나는 마침내 내가 쓸 글의 제목을 생각해 내고는 두 손가락으로 톡톡톡, 그 제목을 쳐보네

*아침가리, 새들이 날아가 죽는 곳*

---

\* 「2 1967년」은 『체 게바라 평전』에서 발췌하고, 약간 변형하여 인용하였다.

# 근위병과 게릴라들

1 근위병들

바람을 가르는 강속구는 근위병의 기본적인 자질이다
바람 속에서 현란한 개인기를 보여주지 못하는 근위병들은
감독과 코치의 끊임없는 경멸의 시선과 억압 속을 헤맨다
근위병들의 행복은 근본적으로 거대한 왕국이 보장한다
가까이 다가오는 것들을 최대한 멀리 날려보내야만 인정받는
그 밀어냄의 세계에서, 누군가를 혹은
그 무엇인가를 밀어내지 못하면
근위병들은 우울증과 정신분열증에 시달린다
하지만 근위병들은 그 누구도 원망하지 않는다
왜냐하면 그것이 근위병의 기본적인 자질이기 때문이다
차갑고 냉철한 이성이 바로 그들이
왕국에 바치는 최대의 충성이기 때문이다
간혹, 가까이 다가오는 강속구의 사랑을
어쩔 수 없어 안절부절못하는 근위병들은
끝내, 데드볼의 상처를 가슴에 안은 채

왕국의 그라운드를 떠나야 한다, 근위병들 사이엔
오랫동안 불문율로 전해져 내려오는 것이 있다
뜨거운 가슴은 그들 최대의 적이라는 것이다
관중들은 근위병들의 용맹을 칭송하며
바람을 가르는 질주와 강력한 타격에 열광하지만
근위병들은 결국 그들의 왕국을 떠나지는 못한다
그들은 치고, 달리고, 뛰어서
결국 그들의 홈으로 돌아와야 하기 때문이다
때로 쓸쓸히 바람 부는 날이면
그들 대신, 왕국의 정문을 지키는
용병들 때문에 괴로워하면서도
그들은 끝내 왕국을 떠나지는 못한다
왕국은 어디에도 없건만 그들은 절대 동요하지 않는다
왕국이 거기에 존재한다고 스스로 믿음으로써
그들이 가까스로 존재하기 때문이다
우리는 이제 그들에게 동정의 시선을 보내서는 안 된다
연민의 마음을 가져서도 안 된다
그들은 그들만의 세계에 존재하기 때문이다
그들은 그들만의 세계에서 행복하기 때문이다
그리고 또한, 우리 모두는 그 누군가의

행복을 방해해서도 안 되기 때문이다
왜냐하면 하루살이들에게도
그들의 행복을 누릴
권리는 있을 테니까


2 게릴라들

여기,
집요하게 고독을 드리블하는 게릴라들이 있다
끊임없이 거부하는 몸짓들 사이를 헤치고
산맥을 넘고 강을 건너가는 몸짓들,
향기로운 바람의 유혹에도 섣불리
고독을 내려놓지 못해
더욱더 깊은 고독 속으로 潛行하는
가난하고 남루한 숨결들,
끊임없이 이합집산하는 바람과 햇살 속에서
아픈 육체가 가루약처럼 산산이 부서져도
남루한 영혼의 깃발을 막무가내로 흔드는 사람들
그러나 끝내, 가파른 그리움의 산맥을 넘어

사랑하는 이의 가슴속에 골인하기 위하여
그 오래된 그리움의 현을
다시 팽팽히 당기기 위하여
지금 여기,
온몸으로 고독을 밀고 나가는
한 떼의 게릴라들이 있다
깃발처럼 펄럭이는 막무가내의 숨결이 있다
무섭도록 짙푸른, 현실의 그라운드를 달리며
오늘도 바람의 끝을 달려가는
전위의 영혼들

## 홍명희 생가


퇴락한
홍명희 생가에 들어서니
먼저 날 맞아주는 건
박쥐 한 마리

잡초 무성한 앞뜰엔 옥잠화 몇 송이

뒤뜰엔
두 개의 우물과
한 개의 펌프

이곳에서도
한때는 부용꽃
환하게 피었으리

아, 벽초
그대는 언제
마음까지 월북했던가

그대가 벗어놓고 떠나버린

이 地上의 남루한 외투 한 벌

그대 생가에 와서야
난 비로소 그대 생각

삐걱이는 대청마루에 앉아서야
볕 잘 들던
그대 문장 생각

## 버찌는 벚나무 공장에서 만든다


촛불을 켜들고, 나는 이제서야 내가 만든 음악을 듣는다

*

그녀는 지금 밥 딜런 공장에서 만든 노래를 듣고
그는 밤새도록 알베르 카뮈 공장에서 만든 책을 읽는다

*

맥주는 맥주 공장에서 만든 것이다, 휴일에 만든 맥주에는 불량품이 많다

*

그 많던 벚꽃잎들은 모두 어디로 갔나

*

저 나뭇잎 공장에서는 왜 백만 년 전부터 고독의 음악만 만들고 있나

\*

　누군가 나에게 묻는다, 사랑을 하려면 어떻게 해야 하지요
　나는 대답한다, 백년 동안 고독해지세요

\*

　누군가 다시 나에게 묻는다, 고독해지려면 어떻게 해야 하지요
　백년 동안, 사랑을 하세요

\*

　그러나 지금은 버찌들도 다 떨어지고 벚나무 공장도 문을 닫을 시간, 노을이 지는 그대의 아름다운 공장으로 가서 누군가 밤새도록 고요히 촛불을 밝히는 시간

\*

음악이 있는 곳에서, 음악이 다 떨어진 곳에서
촛불을 켜 들고, 그래도 버찌는 벚나무 공장에서 만든다

## 중세의 가을

걸어가는 동안 나뭇잎들은 햇살에 몸이 다 부서져 나는 열렬한 내 고독과 어깨동무하고 맨발로 걷는다

나무만 있는 이 가을 저녁

# 백 년 동안의 가을

백 년 만에
가을이 왔습니다
그 가을을 뒤따라 온 노을은
몇억 년 만에 왔는지
모르겠습니다
강물 속으로는
어제 본 듯한 새들이
날고 있습니다

바람에 떠밀려 간 어제는
이미 아득한 전생입니다
물속의 새들은
젖지도 않고 가벼운 깃털로
이 生涯를
경쾌하게 건너갑니다
나는 내 눈동자의 카메라로
기념 사진 한 장,
박아둡니다

시간이

캄캄하게 익어가는 동안
인화되지 않은 어둠 속에는
나뭇잎 족장의
얼굴도 보입니다

물방울 속에서
물방울 속으로
그 자욱한 안개의 길들을 지나
내가 모르는 다른 길로
백년 만에
가을이 왔습니다

## 백두산 꿈을 꾸었다

나의 사랑하는 여자야
어제는 백두산 상상봉에 올라
단풍나무숲을 달리는 호랑이를 보았다
숲을 빠져나온 호랑이가 나는 좋았다
그 놈의 거칠 것 없는 질주가 나는 좋았다
나의 사랑하는 여자야
네가 내 꿈으로 달려오면
나는 단풍나무숲이 되어
나의 잎사귀를 떨구어도 좋겠네
나의 사랑하는 여자야
어제는 백두산 꿈을 꾸었다
너는 부드럽고 세찬 백록담이 되어
뜨겁고 뜨거운 사랑으로 내게 달려오고
나는 천지의 문을 열어
너와 한바탕 뒹굴 꿈만 꾸고
나의 사랑하는 여자야
만주벌판을 휘달려
바이칼湖까지 가 닿는
불타는 눈의 호랑이
우리들의 새끼를 낳자

3

# 너

컴퓨터를 켤 때마다
르르르……, 클레지오, 그르르르……, 클레지오
울면서 대답하는
너

## 피의 적군파

얼마나 적나라하게 불행한 것이냐 너는 장미꽃
으로부터 온몸이 아프고 가랑이 사이로 황혼을 피워
올리는 오 너는 피의 적군파

그런 너를 보면서 나는 행복해한다
두려움에 치를 떨며 네 불행의 지도를 넓히려 한다

석양에 물들어 가는 저물녘의 강은 무슨 이유로
저리도 아픈 것이냐 너를 생각하면 나는
장미꽃보다 더 아프고 황혼보다 더 깊어져
네 피의 쓸쓸함에 취해 가는 오오 피의 적군파

## 은척에서

저물녘에 은척에 도착했다

높고 낮은 산언덕과 봉우리들이
저마다의 생애를 이루고 있는 곳

내가 두 눈이 멀어
음악만이 나를 끌고 가는 곳

이곳에 오니
나도 이제는
한 생애쯤 마감하고 싶어라

또 다른 생이
모락모락 피어오르는

은척의 저녁에서,

예감이 국도처럼 피어오르는
푸른 길의 유혹에서

## 모래郡의 열두 달

  모래군의 열두 달에서는 바람이 불 때마다 수많은 모래알들이 허공으로 날아가 별들이 된다

*

  저 멀리 밤하늘에 떠 있는 별들을 아주 딱딱하고 거대한 돌덩이라고 하면 누가 믿겠는가

*

  돌덩이들이 참 아름다운 빛을 보내오는 밤이다
  그 돌덩이들 아래서 파도 소리를 듣는 촛불의 밤이다

*

  촛불은 조그만 행성이다, 촛불을 켜는 자의 내면 속에는 본질적인 우주가 있다

\*

 서른일곱 살의 나이에 본질적인 사랑이 그립다면 이미 나는 늙은 것인가

\*

 누군가 나에게 물었다, 방랑자여 슈파로 가려는가

\*

 슈파보다는 소파에 비스듬히 기대고 누워 내 친구의 집은 과연 어디인가, 라고 자문해 보는 나, 한산 세모시 같은 비애의 밤이다

\*

 「그녀를 보기만 해도 알 수 있는 것」이라는 영화를 보는 새벽이다
 화면에 나타난 어떤 영혼의 내면을 들여다보다가, 〈그

녀를 아무리 생각해 보아도 그녀를 잘 알 수 없는 답답함〉
이 문득 창밖의 어둠을 바라보는 새벽이다
  귀뚜라미의 울음소리가 새벽의 음악처럼 들려와 눈을
감고 바라보는 참으로 낯선 행성에서의 새벽이다

*

  이상한 상처와 실연의 계보를 그려본 적이 있다
  그곳에서는 모두들 끊임없이 누군가를 꿈꾸고 그리워했
지만, 아무도 자기 자신을 사랑하지는 않았다

*

  한때는 무사가 되고 싶었다, 그것이 내 욕망의 뿌리를
베어버릴 수 있는 가장 빠른 길인 것 같았다

*

  그러나 나는 무작정 허공으로 날아올랐다, 내 상처가
나를 그렇게 만들었던 것이다

*

　모래군의 열두 달에서는 바람이 불 때마다 내가 날아간다
　내가 날아가서, 모래군의 열두 달은 마침내 평화롭다

# 집으로 가는 길
──석남에게

한때 나의 꿈은 저 불란서의 뒷골목에나 가서 푸른 눈의 여자와 놀다가 객사하는 것

또 한때 나의 꿈은 아무도 모르는 고장에 가서 포플러의 그림자처럼 조용히 살아가는 것

또 다른 한때 나의 꿈은 야간 열차처럼 덜컹거리는 바람을 타고 노래의 끝까지 가서 술을 마시다 죽는 것 술을 마시며 몽롱한 꿈속에서만 살다가 죽는 것 죽어서 하루 종일 바다의 음악이나 듣는 것


1 돌을 찾아서

오래간만에 고향에 내려와, 어린 아들과 함께 강가에 갔었네, 딱히 마음속에 두었던 돌의 얼굴이 있었던 것도 아닌데, 내 마음은 하루 종일 아이와 함께 강변을 헤맸네, 귀여운 수달이라도 보았던 걸까, 다섯 살짜리 아이는 마냥 즐거운 표정이었지만, 가을의 햇살이 부서지는 강변에서 나는 하루 종일 침묵하는 돌들을 만났을 뿐이네, 말

을 건네면 저만치 달아나던 돌들, 네 흐린 눈동자로 날 쳐다보지 마, 속삭이며 네게서 등을 돌리던 돌들, 등돌린 돌들 일으켜 세우면 돌들은 그들의 껍질뿐인 몸만을 그곳에 남겨두고, 영혼은 말을 타고 멀리, 영원으로 달아나 버렸네, 강 언덕 나뭇잎 새로 청색의 어둠이 오고 초저녁 별들 새초롬히 부르튼 발가락을 내밀 때, 배고픈 귓갓길에서 드디어 만난 먹청석 하나, 푸르고 깊은 밤에 만난 멍청한 영혼이라고, 아이와 나는 그 돌을 멍청석이라고 불렀지만 먹청석 하나 껴안고 돌아오는 저녁은 다 늦은 꿈길처럼 아늑했네


 2 꿈 이야기

 그날 밤 나는 고구려 꿈을 꾸었네, 아주 높은 산 위였는데, 그곳엔 광활한 평원이 있었고 그곳을 사람들은 고구려라 불렀네, 그 고구려의 중심 부분을 사람들은 集安이라 불렀고, 그 아래 산기슭을 集下라고 불렀네,* 나는 集安에서 한 여인을 만났네, 그 여인은 나를 자신의 집으로 초대했는데 그 초대는 은밀하고도 부드러웠네, 集安 촛불

이 타오르던 그녀의 방, 나는 그 방에서 하룻밤의 달콤한 잠에 혼곤히 빠져들었던 것인데, 새 한 마리 푸드덕거리며 날아가는 소리에 깨어나니 아침이었고, 방은 텅 비어 있었고 밖으로 달려나가 사방을 살펴보니, 그곳은, 내가 낮에 주워온 돌 위였네

### 3 첫가을

나는 지금 내가 주워온 돌을 보고 있네, 이 돌은 약 30센티미터 정도의 먹청석인데, 돌 한가운데 밝은 갈색의 ㅅ자 모양 무늬가 있네, 그 돌무늬를 보고 있으면 이상하게도 나는 가을을 느끼네, 밝고 넓은 평원, 그러나 고요하고 아늑한 평원, 그 위로 조용히 날아가는 새, 새 주변엔 온통 밝은 갈색의 풀들이 바람에 고요히 흔들리고, 밝고 넓은 평원 그러나 내 마음에 꽉 들어차 오는 조그맣고 아담한 마을, 나는 돌의 이름을 고구려의 가을이라고 붙여보네, 그러자 돌을 바라보는 내 눈동자 속으로도 가을이 오네, 가슴을 설레게 하던 첫사랑의 밀어처럼 밀려와, 하 아득하게 천년 만에 처음인, 가을이 오네, 그러나

너무 늦은 사랑이어서, 서러운 것들만이 그런 것들만이
떼지어, 아 아득한 돌무늬로 왔네


4 백석行

 돌을 찾아, 아득한 옛날에 나는 떠났네, 부여를 숙신을
발해를 여진을 요를 금을 홍안령을 음산을 아무우르를 숭
가리를 범과 사슴과 너구리를 배반하고 송어와 메기와 개
구리를 속이고 나는 떠났네,** 그대는 돌을 찾아 떠나본
적이 있는가? 나는 언젠가 내가 꿈꾸던 돌 속으로 들어가
본 적이 있다네(아마 전생에서였을 것이네), 눈송이, 음악
처럼 내리던 그 아득한 돌 속에서의 잠, 그 잠 위로 흩날
리던 사랑의 列島들


5 집으로 가는 길

 아무르, 아무르, 아무우르

이제 첫눈이 오리

덕적도에, 인천에, 은율에, 정선에, 백석에, 격렬비열도에

늦은 가을바람은 햇살을 뱃고동처럼 물고 와서는 그래도는 서럽고 맑은 눈동자들에게 한 짐씩 부리고 간다

음악이 있어서 좋았던 것이다

때죽나무 사이로, 바람이 불어

---

\* 集安, 集下는 꿈속에서 내가 보고 들었던 지명이다.
\*\* 백석의 「북방에서」 중에서 인용하였다.

# 하얀 돛배

창밖엔 눈이 내렸네, 하루 종일 눈이 내렸네, 어디에서부턴가 눈물의 경계를 지난 눈들의 육체, 영혼도 나무들을 떠나는 이 시각에 저 눈들은 다 뭐란 말인가, 물방울이 되지 못한, 눈물이 되지 못한 딱딱한 눈들이 쳐들어오는 동안, 산골짜기에서는 어린 나뭇가지들이 뚝뚝 부러졌네, 산짐승들 굴 속에서 폭설이 멎길 기다렸네, 나는, 가스불 위에 주전자를 올려놓고 또다시 물이 끓기를 기다렸네, 눈이 내렸네, 주전자 속에서 폭풍우가 치고 하루 종일 마음이 고요하게 들끓는 동안, 눈은 진눈깨비가 되어 퍼붓다가, 멎고, 하면서 집요하게 애인처럼 내렸네, 이미 초토화된 내 추억의, 삶의 공터 위로…… 하루 종일 하얀 돛배가

## 겨울에 해미읍성에 갔었네

겨울에 해미읍성에 갔었네

중국 악기를 선물받았다, 중국에 다녀온 친구는 그 악기를 주면서 이름을 모른다고 했다, 이름이 없는 악기도 있냐고, 웃으면서 나는 하늘을 바라보았다, 그때 우리들 머리 위 아주 먼 곳으로부터 하얀 눈발이 떨어졌다, 나는, 저 하늘 어딘가에 분명히 눈에 뒤덮인 하얗고 차가운 두 개의 호수가 있을 거라는 생각을 했다

겨울에 해미읍성에 갔었네
해미읍성은 해미읍에 있었네

손톱을 물어뜯던 겨울 하늘 곁에서 나는 눈이라도 내렸으면 좋겠다는 생각을 했다, 겨울이어서 가로수들은 잎을 가지고 있지 않았지만, 그때 설령 누가 잎을 가지고 달려왔어도 내 마음은 아무 소리도 내지 못할 것 같았다, 소리도 없는 날들이 침묵보다도 더 독하게 흘러가고, 겨울 하늘은 자꾸만 텅 비어가는 링거병 같았다, 환자들로 가득한 거리가 비명도 없이 강물처럼 흘러갔다, 비명도 없이 전철이 도착하고, 비명도 없이 애인이 도착하고, 떠날

때는 한꺼번에 모두 비명을 지르며 떠나갔다, 나는 그때 음악을 듣고 싶었지만, 겨울 하늘 아래서, 화교처럼 나는 외로웠다, 중국 악기처럼 이상한 소리로 울고 있었다

  조선 시대 정해현과 여미현의 중간쯤에 몽웅역이 있었다네
  그 몽웅역에 세운 성이 바로 지금의 해미읍성이지

  아주 짧고 우연한 여행이 악기처럼 울릴 때가 있다, 그것도 차를 타고 서해안 고속도로를 따라 팽팽한 현처럼 달려가다, 예산 지나 당진에 도착할 즈음 갑자기 쏟아지는 폭설에 툭, 하고 우리들의 질주가 끊어질 때, 줄이 끊어져야 비로소 울리는 그런 악기 같은 여행이 있다, 남자들은 모두 배 타고 중국으로 떠나고, 여자들만 남아 눈 내리는 오후 2시를 지키고 있는 듯한 唐津港, 위구르, 위구르, 말발굽 소리를 내며 내륙을 침범해 가는 12월의 차가운 바람에 눈 내리는 오후 2시의 당진은 거대한 중국 악기, 뜻하지 않은 폭설이 무사와 악사의 경계를 지우며 우리들 生이라는 악보를 뒤덮어나갈 때, 우리는 그저, 저 삼삼한 눈발의 경계를 떠도는 남루한 검객일지도 모른다

는 생각을 했다, 그리고 보이지 않는 곳에서 검보다 더 무섭고 아름다운 새하얀 활을 보내, 우리를 연주하는 악사가 있을 거라는 생각을 했다

　해미읍성 한가운데 서서 겨울바람을 생각했지
　시퍼런 나무들 겨울바람을 온몸으로 퉁겨내고 있더군
　가련한 해미읍성, 겨울바람 하나 제대로 막아내지 못하더군

　고대, 장고항, 왜목 마을 지나 우리는 어디로든 가고 싶었는지도 모른다, 바람에 유리창이 덜컹거리는, 목포집이거나 해남집 같은 곳, 그런 소줏집에서 친구를 만나 오래도록 함께 이야기하고 싶었는지도 모른다, 바람이 애무하던 갈대의 그런 쓸쓸한 이야기를 날이 저물도록 듣고 싶었는지도 모른다, 나는 그때, 우리가 다다를 수 없는 어두운 시간의 저편에서, 아무도 몰래 우리들의 이야기를 연주하는 악기가 있을 거라는 생각을 했다, 두 개의 호수 아래에서, 그 깊고도 오랜 시간을 사랑으로 內通하는, 이름을 알 수 없는 중국 악기가

겨울에 해미읍성에 갔었네

해미의 겨울 하늘은 거대한 우주선처럼 해미읍성 한가운데 떠 있었네

가련한 해미읍성, 울먹이는 겨울 저녁

그곳에서 나는 背敎도 殉敎도 아닌, 오로지 따스한 체온만이 그리웠네

밥 짓는 저녁 연기 속으로

어린 짐승들, 투명한 공기 속에서 돋아나던 별빛의 길을 밟으며 일렬로, 집으로 돌아가던 해미의 겨울 저녁

## 지구의 북호텔에서


―― 새벽에,

너는 잠들고
창문을 열면 겨울 찬바람을 가르며
먼 별을 향해 날아가는 새들,
아직 귀향하지 못한
인공위성들이
밤하늘에서 반짝일 때
나는 밤새도록
지구 여인의 음모를 쓰다듬으며
주파수가 잡히지 않는
머나먼 고향의 숲과
그 숲에서 흘러나오던
따스한 바람의 음악에 대하여 생각한다

잠의 기슭으로
고요히 밀려오던 한 바다와
숨결처럼 따스하던
목덜미와
어느 먼 별의 저녁과

──아침에,

 우편엽서를 사가지고 오면서 잊은 게 있다
 복제인간에 관한 진실, 오늘은 너에게 그것에 대하여 말하고 싶다
 몇 끼니 밥을 굶어도 우리의 일상은 채워진다, 문제는 아이들인 것이다

 찬바람 속에 아이들을 서 있게 해서는 안 된다


──여러 날의 저녁에,

북호텔의 남쪽 창가에 앉아 커피를 마신다
이곳에 온 지도 벌써 여러 날이 흘렀다
남들은 누군가의 육체를 갖기 위하여
이곳에 온다지만
나는 나를 버리기 위하여 이곳에 왔다
자꾸만 저 별에 남겨두고 온
어린 아들이 생각난다

아들이 찰흙으로 만들었던
잠자는 곰도 생각이 난다
나는 그 잠자는 곰을
내 전화기 옆에 두었었다
지금도 그 잠자는 곰을 깨우기 위해
전화벨이 울리고 있을까

북호텔의 남쪽 창가에 앉아 커피를 마시며
꼬리에 꼬리를 물고 출렁이는 차들을 본다
돌아갈 곳이 없어도 필사적으로 돌아가는
저 거룩하고도 장엄한 지구인들의 歸家,
차가운 유리창에 입김을 뿌려
주석도 없는 황혼의 유서를 쓰면
멀리서
지구를 물고 날아오르는
검은 새 한 마리

## 자작나무 뱀파이어


그리움이 이빨처럼 자라난다
시간은 빨랫집게에 집혀 짐승처럼 울부짖고
바다 가까운 곳에,
묘지가 있다는 소문을 들었다
별들은 그것을 바라보는 자들의 상처,
눈물보다 더 깊게 빛난다, 聖所
별들의 운하가 끝나는 곳
그곳을 지나 이빨을 박을 수 있는 곳까지
가야 한다, 차갑고 딱딱한 공기가
나는 좋다, 어두운 밤이 오면
내 영혼은 자작나무의 육체로 환생한다
내 영혼의 살결을 부벼대는
싸늘한 겨울바람이 나는 좋다
나뭇가지에 매달린 욕망이 고드름처럼 익어간다
눈에 덮인 깊은 산속, 밤새 눈길을 걸어서라도
뿌리째 너에게로 갈 테다
그러나 네 몸의 숲속에는
아직 내가 대적할 수 없는
무서운 짐승이 산다

## 12월, 방랑자여 슈파로 가려는가


펄럭인다 또 몇 개의 바람을 흔들며
너는 펄럭이고 있다 겨울의 문 앞에 서서
외로운 파수병처럼 너는 누구를 기다리고 있다
눈발이 날린다 하얀 기절의 눈발이 날린다
밤의 한기류 속으로 사랑이 흐른다 낯선
느낌표를 찍으며 굴뚝새들이 날아가고 아마
누군가 너에게로 다가가고 있다 잠시
기다려라 춥게 올지라도 사랑은 아름답다

시간은 언제부터 시작되었는지 바람이 분다
밤이 빛난다 몇 개의 등불을 달고 너는
물음표처럼 웅크려 잠잔다 오늘밤은
별이 없다 그래도 하늘은 있다
젖은 하늘을 덮고 네가 잠들 때
저 성밖에서 들려오는 바람 소리 강물 소리
바람에 귀를 대어보면 멀리서
네게로 다가오는 소리 들리리니 잠시
기다려라 멀리서 올지라도 사랑은 아름답다

살아가는 데는 제목이 없다 다시

생각해 보아도 살아가는 데는 제목이 없다
너의 가슴팍에서 필사적으로 타오르는 불꽃
너는 외롭지 않다 다만 홀로 있을 뿐이로다
시간은 어디에서도 읽혀지지 않고
불면의 외로운 마침표를 찍으며 너는
아직 오지 않는 누구를 기다리고 있을 뿐이로다
바늘 끝에 맺힌 핏방울을 보듯
우리의 생활은 가끔씩 아프지만
시간이 있는 곳에서는 늘 바람이 불고 잠시
기다려라 아프게 올지라도 사랑은 아름답다

# 누가 이렇게 잠드는가

한결같은 숨결로
한번 태어나 한번 잠드는 것은
짐승뿐이란다

## 겨울 浮石寺

아무래도 나는 가야겠다
오늘은 문득 바람이 불어
앵두나무 푸른 잎들이 손사래치는
적막한 내 저녁의 창가에서
이 언덕과 저 구릉을 지나
한 소절 음악처럼 너에게로 가야겠다

밥짓는 마을의 저녁 연기 속으로
개 짖는 소리는 컹, 컹, 컹
돛배처럼 올라오는데
겨울바람이 밀고 가는
한 척의 저녁

끝끝내 밀려가지 않는
얼어붙은 폭포 속
절벽의 악기 하나
내 사랑의 의지가 돋을새김해 놓은

겨울 浮石寺

그 단단한 生의
악기 속으로
아무래도 나는
음악처럼 가야겠다

## 음악들

 너를 껴안고 잠든 밤이 있었지, 창밖에는 밤새도록 눈이 내려 그 하얀 돛배를 타고 밤의 아주 먼 곳으로 나아가면 내 청춘의 격렬비열도에 닿곤 했지, 산똥 반도가 보이는 그곳에서 너와 나는 한 잎의 불멸, 두 잎의 불면, 세 잎의 사랑과 네 잎의 입맞춤으로 살았지, 사랑을 잃어버린 자들의 스산한 벌판에선 밤새 겨울밤이 말달리는 소리, 위구르, 위구르 들려오는데 아무도 침범하지 못한 내 작은 나라의 봉창을 열면 그때까지도 처마 끝 고드름에 매달려 있는 몇 방울의 음악들, 아직 아침은 멀고 대낮과 저녁은 더욱더 먼데 누군가 파뿌리 같은 눈발을 사락사락 썰며 조용히 쌀을 씻어 안치는 새벽, 내 청춘의 격렬비열도엔 아직도 음악 같은 눈이 내리지

# 눈 내리는 밤


 나는 지금, 내리는 눈을 보고, 눈은 저를 처다보는 나를 보며 내리고 있네

 눈은 처음엔 하염없는 영혼이었네, 저도 그것을 알고 있다는 듯 지금 내리는 눈은 제 몸을 숨기며 내리고 있네, 육체를 가졌다는 것이 무슨 부끄러운 일이라도 되는 양 그렇게, 그렇게, 내리는 눈을 나는 하염없이 바라보고만 있네

 고요히 음악만이 살아 있는 이 시간을 나는 무엇이라고 부르면 좋을까, 가끔씩 내가 이토록 고요히 살아 있는 시간을 도대체 무엇이라고 부르면 좋을까

 나는 내가 살고 싶은 시간을 〈눈 내리는 밤〉이라고 부르면 안 되나, 차가운 시간 위로 내려와 대지의 시린 살결을 덮어주는 그대 따스한 숨결을 나는 지금 음악처럼 듣고 있네

 세상의 후미진 곳에 서 있는 겨울 나무들은 이제 마지막 남은 손바닥을 내밀어 눈물로 젖어드는 하늘의 사랑을

받아들이고 있네, 이런 걸 참 무모한 사랑이라고 부른다면 눈 내리는 밤마다 나는 참으로 무모해지고만 싶은데

  나는 지금, 내리는 눈을 보고, 눈은 저를 쳐다보는 나를 보며 내리고 있네

  무모한 사랑을 확인이라도 하듯 우리는 지금 소리 없는 음악 소리를 내고 있네, 서로를 연주하는 마음이 세상의 어떤 음악보다 더 깊은 이 시간, 눈에 젖은 나무들이 비로소 차분히 저희들의 기타 줄을 고르고 있는 이 눈 내리는 밤에

4

François Kollar, *Paper retallat de Paul Iribe* (1928–1929)

# 음악들


1

촛불의 시간이다

2

한 장의 사진을 본다, 무수한 검은 점들의 혹성, 내 마음의 우주 속을 떠도는 격렬비열도 같은

3

허무의 풍경 위에 놓여 있는 범선 한 척, 갈매기의 영혼 같은 것이, 펄럭이는 하체의 욕망을 나부끼며 배를 어디론가 끌고 가고 있다, 아무도 보지 못하는, 그러나 자세히 보면 공기 속에 있는, 생이라는 이름의 투명한 예인선 한 척

4

아무도 보지 못하는 곳에서 우연의 음악처럼 저 홀로

나부끼며, 생은 다만 존재한다

5

　존재하는 것들은 하나의 악기이며 저 자신으로부터의 음악이다, 돛배가 바다를 연주할 때 바다는 돛배라는 한 척의 음악을 듣는다

6

　바다는 지금 잠시 내 곁에 정박중이다, 나는 검은 혹성, 마냥 돋아난 내 수염을 만지작거리며 담배를 피운다, 내 손가락은 간혹 검은 수염의 혹성을 기타처럼 연주하기도 한다

7

　담배 연기, 지금 내가 연주하는 담배 연기는 포르투갈 집시들의 노래를 닮았다

8

바람이 불자 음악들은 날아서 집시의 시간 쪽으로 몰려간다

9

다시 바람이 불자, 음악들은 집시의 시간을 지나 조금 더 멀리, 조금 더 추운 곳으로 간다

10

온통 백기처럼 휘날리던 폭설, 바다 위의 폭설, 배가 북쪽 항구에 닿았을 때, 그때도 그랬다, 나는 배의 갑판에 붙박혀 추운 곳으로부터 더 추운 곳으로 떼지어 몰려온, 바람의 푸르디푸른 음악 소리를 들었다

11

내 영혼은 그때 갑판 위에서 잠시나마 그곳의 바람 속

으로 망명하고 싶었는지도 모른다, 그러나 장전항은 긴 활처럼 휘어져 하루 종일 나에게 눈발을 쏘아대고 있었다

12

붉은 별, 참 아름다운 담배 이름이다, 어두운 생을 밝혀주며 불꽃처럼 타오르는 별

13

그리고 별들의 둥근 지붕인, 달

14

그곳으로부터 사자 한 마리가 떨어졌다, 라고 보르헤스는 썼다

15

달이라는 지붕으로부터 떨어진 사자 한 마리의 갈기, 地

上의 갈대밭

16

지상의 갈대밭으로부터 한 시인이 무작정 날아올랐다, 라고 나는 쓴다

17

나는 듣는다, 내 마음속 風磬 소리를, 風景이란 거의 배반하는 법이 없다

18

그러나 벌써 지상에서의 내 삶은 자꾸만 어두워지려고 한다

19

창밖으로 보이는 겨울 하늘이 유난히 파랗다, 어제 한

바탕 겨울비가 오더니 오늘은 파란 하늘 한가운데 희미하게 낮달까지 하나 걸려 있다, 물끄러미 낮달을 보고 있노라니, 갑자기 저 낮달 속으로 걸어 들어가 망명 정부 하나 세우고 싶어진다, 외롭고 쓸쓸한 사람들 모두 불러서 촛불이라도 밝히고, 함께 조촐한 저녁이라도 먹고 싶어진다, 저 낮달에 앉아서 지구를 내려다보면 지구도 한낱 쓸쓸한 떠돌이 행성으로 보이려나

### 20

지금 나의 돛배는 명왕성을 향해 가고 있다

### 21

명왕성, 水晶의 나무들이 사는 곳

### 22

그리고 그곳의 나뭇잎 속에는 푸른 호랑이들이 산다

23

푸른 호랑이들은 푸른 저녁이 오면 푸른 돌, 속으로 들어가 눕는다, 돌 속의 어둠, 그 깊고 단단한 어둠 속에서도 그들은 사과꽃 같은 하얀 망각의 잠에 든다

24

사과꽃 향기가 나는 너, 내가 너를 생각하며 육체와 영혼의 모호한 경계 앞에서 서성일 때마다, 늘 치통처럼 가을은 온다

25

그리고 치통이 끝나기도 전에 가을은 간다

26

가을이 지나간 자리엔 내 청춘의 쓸쓸한 감옥, 목책으로 남아 있는 가로수들이 있다

27

목책들만 남아 있는 거리에서, 나는 문득 음악 같은 그대, 푸른 숨결을 느낀다

28

쑥대머리처럼 헝클어진 내 삶의 허두가, 내가 꿈꾸는 삶은 아직 시작되지도 않았는데, 어디선가, 잘 기억나지도 않는 곳으로부터, 이미 내 생은 끝났다

29

끝, 나는 언젠가 〈끝〉이라는 단어 하나만으로 된 시를 완성하리라

30

끝

### 31

너무 빨리 완성되었다, 아직은 때가 아니다

### 32

망설임처럼, 알 수 없는 육체의 모호함처럼 문 밖에서 서성거리는 초겨울, 아직은 때가 아니다

### 33

자작나무의 뿌리로부터 깊은 겨울이 오고 있다, 그래도 아직은 때가 아니다

### 34

북방 한계선 저쪽에서 내가 피우던 붉은 별도, 내 사랑도 아직은 때가 아니다

35

그리하여, 음악은 시간이다

36

사랑이여, 시간이며 음악인 사랑이여, 나는 너를 통해 내 생애의 처음이자 마지막인 그런 음악을 연주하고 싶었을 뿐이다

37

그러나 지금 내 삶의 허두가는 범피중류다, 너는 허공에 幻처럼 있고 나는 생의 급류 위를 떠돈다

38

나는 다시 검은 점의 혹성들이 음악처럼 떠다니는 사진을 본다, 검은 혹성들의 틈 사이로 언뜻언뜻 보이는 것은 일렁이는 물결들, 하얀 돛배 한 척, 幻처럼 떠 있는 네

엉덩이, 그러나 자세히 보면 그곳에 있는 것은 나무들로 만들어진 종이 한 장일 뿐, 그리고 그 백지의 사막 위에 석탄더미처럼 견고하게 쌓여 있는 입자들의 고독한 그림자일 뿐

### 39

목조 계단처럼 삐걱거리는 겨울 저녁 여섯시, 이 시간은 밥 딜런도 천국의 문을 두드릴 시간

### 40

퇴적층처럼 침묵만이 단단하게 깊어져 가는 겨울밤이다, 육체는 가고 육체의 사랑이 오는 시간이다

### 41

나는 하염없이 네 엉덩이를 본다, 네 엉덩이 사이에 묻혀 있는 깊은 어둠을 본다, 나는 자꾸만 그 깊고도 어두운 시간 속으로 들어가고 싶어

42

촛불이 음악 소리를 내는 밤이다, 밤의 푸른 행성들 사이로는 우주선들이 날아가고, 그 우주선들이 가 닿는 곳에 끝내 너는 있다

43

너는 있을 것이다, 내가 없는 곳에, 우리를 적시는 마지막 꿈처럼 너는 있을 것이다

44

그리하여 나는 없을 것이다, 너를 있게 하기 위하여, 결국 네가 되기 위하여

45

그리고 49齊의 밤은 온다, 나는 떠나는 꿈을 꾼다, 그대여 돌아오라, 오 어차피 돌아오라, 누군가 내 등뒤에서

하염없이 손사래치며 부르지만, 이곳은 내가 꿈꾸던 곳이 아니다

### 46

내 곁에 정박해 있던 바다도 이제는 서서히 죽어간다, 비명을 지르며 한 떼의 새들이 내 의식의 가파른 해안으로 밀려오고 있다

### 47

죽어가는 풍경들이 나에게 지난날의 사랑을 일깨운다, 바람에 흔들리는 눈발들, 저기 저, 내 청춘의 격렬비열도엔 아직도 음악 같은 눈이 내리지

### 48

黃河, 말없이 흐르는 황인종들의 눈물, 별빛에 빛나는 몽골리안의 광대뼈, 카라쿤룬 산

49

내 돛배가 가는 길은 구비구비 슬픔의 비단길, 눈동자 속 물위로 난 길을 따라, 내 돛배가 하염없이 가고 있네

50

하염없이, 하염없이

51

허우 샤오시엔의 비정성시라는 영화 혹시 본 적 있니

52

이, 얼, 싼, 쓰, 거기에선 빗방울들이 그런 소리를 내며 내리지

53

가파른 벼랑 아래에는 마을이 있고
비에 젖은 저녁이 오면 먼 곳의 불빛들은 벼랑보다 더
깊게 빛나지
그 가파른 길들을 따라 사람들은
가고 오네, 눈 아래 아득히 펼쳐진 마을에는
눈물 같은 비가 내려 안개 자욱한 머언 바다에서
배들은 몸서리치며 돌아오고, 돌아오는 그러한
평화…… 자막 같은
생애들, 아직 지워지지 않은
물의 길,
비정성시

54

二胡, 얼후라는 중국 악기가 우리나라에 건너와 奚琴이
되었지

55

해금 산조를 듣는 새벽이다, 지금은 고요히 바람이, 활과 현 사이를 지나가는 시간

56

이 시간엔, 멀리까지 가는 그 음악의 성분들이 나는 몹시도 그립다

57

그러나 문 밖의 길들은 지금 어디로 달려가고 있나

58

달려가는 길 위에, 밤의 여행자들이 있다, 자정의 국도 저 너머

59

내가 달려가는 자정의 국도 저 너머에 있을, 겨울 아침 가리

60

1967년 10월 7일 나는 강원도의 깊은 산골에 있었고, 체는 해발 고도 2천 미터의 볼리비아 산속에 있었다

61

과라니어에서 체는 〈나〉 또는 〈나로서는〉이라는 뜻으로 쓰인다

62

그러니까, 체 게바라는, 나 게바라인 셈이다

63

그러니까, 나, 체 게바라는 시에라마에스트라에서 아바나까지 아무튼 간다, 그리고 그후에 볼리비아로 가는 것이다

64

그러니까, 게릴라들의 최후의 비상 식량은 그들이 타고 다니는 말이다

65

그리고, 체의 일기는 1967년 10월 7일에 끝이 난다

66

인간은 꿈의 세계에서 내려온다, 그리하여 사막 같은 이 地上에서 모래알들처럼 외로운 생애를 살다 간다, 그들을 키우는 것은 팔 할이 바람이지만, 그들의 고독을 키

우는 것은 팔 할의 억압이다, 그러나 투명하고 삽삽한 한 산 세모시 같은 비애의 삶이 끝나는 날, 고양이 같은 일곱번째의 생을 마치고 인간은 그들이 떠나왔던 꿈의 세계로 되돌아가는 것이다, 끝내 이 지상에서 하지 못한 말은, 텅 빈 백지로 남겨두고서

### 67

다시 담배를 피워 문다, 붉은 별 하나 고요히 떠오른다, 내 영혼의 고향 같은 이 한 점의 불꽃

### 68

그러나 지금 이 순간에도, 우리가 떠나온 별들이 아프다

### 69

그러나 언젠가 우리는, 우리가 떠나왔던 그 꿈의 세계로 귀환한다, 그 틈 사이에서 우리는 〈지금, 이렇게〉 살아내고 있는 것이다

### 70

적산 가옥에 둘러싸인 이 낯선 행성에서의 삶, 이곳에서는, 겨울 내내 녹슨 비가 내리고, 사람들의 가슴은 창틀에 끼여 펄럭인다

### 71

서울의 폭설, 오오 천방지축으로 휘날리는, 저 천박하고 쓸쓸한 농담들

### 72

자본주의적 폭설이 내리는 이 거리를 걷다 보면 김광석은 일찍 죽길 참 잘했지, 하는 생각

### 73

천박함과 쓸쓸함이 지금 내 삶의, 全部이다

## 74

그러나, 이곳이 내 고독의 터전이고, 실패한 내 사랑과 혁명이 묻혀 있는 곳이다

## 75

고통의 한 세기를 흔들던 바람의 신경증이 도지나 보다, 아무것도 보이지 않는 시선의 적막함을 어루만지며 패망인 듯, 패망인 듯 힘차게 바람이 불고 있다

## 76

그러나, 한없이 낮고 쓸쓸한 곳으로, 공기들의 이동을 따라가다 보면 거기에 내 귀가 처음 보는, 내 두 눈이 처음 듣는 따사로운 음악은 있을 것인가

## 77

도살장으로 끌려가는 짐승들의 외마디 울음, 광물질처

럼 빛나는 햇살들의 알 수 없는 풍요

78

이곳에서는 왜, 모든 열정에서 피의 냄새가 나는가

79

피의 냄새를 잊기 위해 나는 독주를 마신다, 한 잔의 독한 술로 내가 고독을 횡단하려 했다니!

80

몽롱한 것은 결코 장엄한 것이 아니다

81

敵이 없는 자는 사랑 또한 없다

82

그러나 부조리한 세계는 끝내 이 지상의 중력으로부터 시작되는 것이다

83

나는 알지 못하였으나, 무너지는 풍경조차 그들의 꾸준한 고독의 소산이었음을 말하여 주듯 첫눈은 내리고 있다

84

나는 걸어간다, 첫눈을 밟으며, 다시 이륙하려는 내 生의, 광대한 고독의 대륙을 횡단한다

85

거대한 짐승처럼 웅크리고 있는 겨울산의 단단한 침묵, 그 침묵 속에 고여 있는 차디찬 옹달샘 하나

86

침묵만이 우리에게 불멸의 음악을 듣게 한다

87

뒤돌아보지 말라, 추억이란 공기들의 이합집산에 불과하다

88

그러나 어쩌랴, 이것은 참으로 알 수 없는 고독한 자세다, 밤새도록 추억의 타자기를 두드리고 있는 나의 생애란

89

나는 다시 눈을 들어 검은 점들의 혹성을 본다

검은 새, 아 저것은 내가 언젠가 보았던 거대한 날개를 가진 검은 새, 뒤뚱거리는 돛배를 순식간에 덮치며, 거대

한 부리로 그녀의 하체를 물고 날아가는 검은 새, 밤하늘의 구름을 가르며 어둠보다 더 어두운 곳으로 날아가려는, 어둠보다 더 어두워지려는 저 검은 새 한 마리

## 90

그러나 나는 새벽의 찻물을 끓이며 점점 깊어져 가는 이 시간의 음악 소리를 듣는다

## 91

오, 수정의 겨울이 오고 있다

## 발문跋文

허혜정(시인·문학평론가)

  아버지는 벌고 아들은 쓴다. 아버지의 신화와 욕망을 저버리고, 〈하나의 환상의 도시〉를 짓기 위해 아들은 모든 것을 폐허 위에 내던진다. 「열두 개의 촛불과 하나의 달 이야기」로부터 시작되는 박정대의 시집에는, 아버지의 철옹성인 세계의 호명에 반역하는, 젊은 영혼의 핏방울이 민감하게 배어 있다. 〈무가당 담배 클럽〉, 〈영혼의 게릴라들〉, 〈피의 적군파〉 등으로 암시되는 반항아들의 계보에는, 〈질풍노도의 젊음〉이라는 낭만주의적 원형과 함께, 비정한 자본주의의 그늘 속에 웅크리고 있는 배덕자들의 환멸과 굴욕, 권태와 우울, 애증의 상흔들이 고스란히 보존되어 있다. 꿈꾸는 영혼이란 〈얼마나 적나라하게 불행한 것이냐〉.

  박정대의 시는 늘 존재의 문법으로 주어져 있는 세계의 그림자로부터 자유롭지 못하다. 때문에 끝없는 어두운 상상의 곁길을 더듬고, 이미지, 모티프, 복선을 깨뜨리는 독특한 확산적인 문체를 구사한다. 이러한 일탈적인 문체는, 삶의 지배 문법으로 주어져 있는 연대기적 질서의 단선성을 해체하며, 현재나 과거의 시점에 구애받지 않는 심리적 풍경에 작은 통로를 뚫어놓는다. 흐린 추억의 영사실에는, 언젠가 하나의 공간을 따스하게 채웠던 빛나는 눈빛들, 한 그루의 목련나무, 바람에 떨리는 가지들의 춤, 구름이 주인공이 되어 있는, 그런 풍경들이 있다. 우리가 기계로 파헤치고, 콘크리트로 덮어버린 표면들. 지루한 생을 견디면서, 불화와 소동과 끝없는 오락을 찾아 배회하는 공간과 겹쳐져 〈인화되는〉 근원의 실경이 있는 것이다. 격렬비열도로, 목포로, 페루로, 덕적도로, 정선으로 끊임없이 변주되는 광경들은, 당도할 수 없는 영원임과 동시에 순간의 박제이다. 어쩌면 우리의 영혼과 숨결이 일순간 머물렀던, 〈사라진 모든 장소〉의 이름일지도 모른다. 혹은 언젠가 음악을 들으며 서 있던 그 나무, 그 장소, 그 얼굴들.

하지만 그 〈환상의 도시〉에서 우리는 살아갈 수 없다. 시인은 말한다. 「그때 나는 정말 〈길 위에〉 있었고, 당신은 아마 천사였을지도 모른다. 그러나 나는 그때 천사에게 가는 길이 아니었다」 무엇으로도 바꿔 적을 수 있는 공간, 다른 방식으로 이해할 수도 있는 그리움, 다른 이름으로 불려질 수도 있을 천사들은, 현실의 사선을 넘어서고자 하는 영원성의 시뮬라크르이고, 〈초토화된 삶의 공터〉로 남겨진 청춘의 스냅이미지들이다.

그의 시는 〈정통 집시〉의 영혼에서 흘러나온 충만한 악절처럼, 미묘하고 아름답고 미끄럽다. 어둡게 타오르다 스러지는 청춘의 재처럼, 모든 경험의 끝인 슬픔처럼.

박정대

1965년 강원도 정선에서 출생했다.
고려대 국문과를 졸업하고 1990년 《문학사상》에 「촛불의 미학」 외 6편의 시가 당선되어
등단하였다. 1997년 시집 『단편들』을 출간했으며, 현재 《목련통신》 편집장,
「무가당 담배 클럽」 동인으로 활동 중이다.

**내 청춘의 격렬비열도엔
아직도 음악 같은 눈이 내리지**

1판 1쇄 펴냄 2001년 9월 29일
1판 10쇄 펴냄 2020년 2월 13일

지은이 박정대
발행인 박근섭, 박상준
펴낸곳 (주)민음사

출판등록 1966. 5. 19. 제16-490호
서울특별시 강남구 도산대로1길 62(신사동)
강남출판문화센터 5층(우편번호 06027)
대표전화 02-515-2000 / 팩시밀리 02-515-2007
www.minumsa.com

ⓒ 박정대, 2001. Printed in Seoul, Korea

ISBN 978-89-374-0697-3 03810